LIBERDADE ANTES DO LIBERALISMO

FUNDAÇÃO EDITORA DA UNESP

Presidente do Conselho Curador
Herman Jacobus Cornelis Voorwald

Diretor-Presidente
José Castilho Marques Neto

Editor-Executivo
Jézio Hernani Bomfim Gutierre

Conselho Editorial Acadêmico
Alberto Tsuyoshi Ikeda
Áureo Busetto
Célia Aparecida Ferreira Tolentino
Eda Maria Góes
Elisabete Maniglia
Elisabeth Criscuolo Urbinati
Ildeberto Muniz de Almeida
Maria de Lourdes Ortiz Gandini Baldan
Nilson Ghirardello
Vicente Pleitez

Editores-Assistentes
Anderson Nobara
Henrique Zanardi
Jorge Pereira Filho

QUENTIN SKINNER

LIBERDADE ANTES DO LIBERALISMO

Tradução
Raul Fiker

Copyright © 1998 by Q. R. D. Skinner
Título original em inglês: *Liberty before Liberalism*

Copyright © 1998 da tradução brasileira:
Fundação Editora da UNESP (FEU)

Praça da Sé, 108
01001-900 – São Paulo – SP
Tel.: (0xx11) 3242-7171
Fax: (0xx11) 3242-7172
www.editoraunesp.com.br
www.livrariaunesp.com.br
feu@editora.unesp.br

Dados Internacionais de Catalogação na Publicação (CIP)
(Câmara Brasileira do Livro, SP, Brasil)

Skinner, Quentin
  Liberdade antes do liberalismo / Quentin Skinner; tradução Raul Fiker. – São Paulo: Editora UNESP, 1999. – (UNESP/Cambridge)

  Título original: Liberty before liberalism.
  Bibliografia.
  ISBN 85-7139-267-6

  1. Liberalismo 2. Liberdade I. Título. II. Série

99-4323   CDD-323.44

Índice para catálogo sistemático
1. Liberdade: Ciência política 323.44

Editora afiliada:

Asociación de Editoriales Universitarias
de América Latina y el Caribe

Associação Brasileira de
Editoras Universitárias

"Até meus trinta e poucos anos raramente deitei os olhos numa história – exceto histórias da filosofia, que não contam" (F. W. Maitland a Lord Acton, 20 nov. 1896, Cambridge University Library, Add. MS 6443/ 197, fo.1v).

SUMÁRIO

Prefácio   9

1 A teoria neorromana dos Estados livres   15

2 Estados livres e liberdade individual   55

3 A liberdade e o historiador   83

Bibliografia   97

Índice remissivo   109

PREFÁCIO

O ensaio que se segue é uma versão aumentada da Aula Inaugural que proferi na Universidade de Cambridge em 12 de novembro de 1997 como *Regius Professor* de História Moderna. Procurei esboçar a ascensão e queda, dentro da teoria política anglófona, do que denominei uma compreensão neorromana da liberdade civil. A teoria neorromana alcançou a proeminência no decorrer da revolução inglesa de meados do século XVII. Mais tarde ela foi usada para atacar a oligarquia governante da Inglaterra do século XVIII, e mais tarde ainda para defender a revolução armada pelos colonos americanos contra a coroa britânica. Durante o século XIX, contudo, a teoria neorromana foi cada vez mais desaparecendo de vista. Alguns elementos sobreviveram nos Seis Pontos dos Cartistas,[1] na explicação de John Stuart Mill quanto à submissão das mulheres[2] e em outras alegações em defesa dos dependentes e

---

1 As demandas de parlamentos anuais e áreas eleitorais iguais parecem refletir particularmente prioridades neorromanas.

2 Ver Mill, 1989, esp. p.123, 131-3, 149, sobre o *status* dependente das mulheres e sua resultante servidão.

10 QUENTIN SKINNER

oprimidos.[3] Mas o triunfo ideológico do liberalismo deixou a teoria neorromana amplamente desacreditada.[4] Entrementes a concepção rival de liberdade embutida no liberalismo clássico veio a obter uma predominância na filosofia política anglófona que nunca chegou a ser abandonada ulteriormente. A ambição do ensaio que se segue é questionar essa hegemonia liberal mediante a tentativa de repenetrar o mundo intelectual que perdemos. Procuro situar a teoria neorromana nos contextos intelectuais e políticos nos quais ela foi inicialmente formulada, examinar a estrutura e os pressupostos da própria teoria e, desse modo, fornecer os meios de pensar novamente, se quisermos, nas suas possíveis reivindicações sobre nossas fidelidades intelectuais.

Embora este ensaio seja breve, assumi muitos compromissos enquanto o escrevia. Beneficiei-me grandemente de discussões com diversos estudiosos que trabalham com temas relacionados. Meus calorosos agradecimentos a David Armitage, Geoffrey Baldwin, Annabel Brett, Alan Cromartie, Martin Dzelzainis, Markku Peltonen, David Runciman, Jonathan Scott, Jean-Fabien Spitz e Blair Worden. Também sou muito grato a David Johnston, por muitas discussões sobre direito romano; e a John Pocock e James Tully, por uma correspondência excepcionalmente útil. Estou consciente de uma dívida especial para com Philip Pettit e seus escritos sobre liberdade, pelos quais fui profundamente influenciado.[5] Foi em grande parte graças ao seminário conjunto que ele e eu dirigimos sobre liberdade e sua história na Research School of Social Science da Australian National University em

---

3 O vocabulário da filosofia legal e moral romana é notavelmente manifesto, por exemplo, na análise de Marx do capitalismo, especialmente em sua discussão do salário-escravidão, alienação e ditadura.

4 Sobre a transição dos pontos de vista *whig* [ou *whiggery*, isto é, referente ao partido reformador e constitucional que após 1688 defendeu a supremacia do Parlamento, sendo sucedido no século XIX pelo Partido Liberal (N.T.)] para o liberalismo, ver Pocock, 1985, esp. p.253-310; e Burrow, 1988.

5 Ver Pettit, 1993a, 1993b e 1997.

1994 que voltei a trabalhar sobre estes temas. Como sempre, em alto grau, minha maior dívida é para com Susan James, que não apenas leu o ensaio que se segue em cada um de seus sucessivos esboços, como o discutiu comigo em mais ocasiões do que posso lembrar.

No decorrer dos últimos dois anos, exerci a função de presidente do grupo de estudos da European Science Foundation intitulado *Republicanismo: Uma Herança Europeia Compartilhada*. Aprendi muito dos trabalhos apresentados em nossos encontros e tenho certeza de que nossas discussões devem ter deixado sua marca em minha argumentação. Agradecimentos especiais a Martin van Gelderen, por atuar como secretário de nosso grupo, bem como por numerosas conversas sobre assuntos de interesse acadêmico mútuo.

Tive o privilégio de submeter alguns aspectos de minha argumentação a duas plateias notáveis. Fui grandemente honrado pelo convite para proferir as T. S. Eliot Memorial Lectures na University of Kent em dezembro de 1995 e aproveitei bastante os seminários que se seguiram às minhas falas. Fui igualmente honrado ao ser convidado para falar no Collège de France na primavera de 1997, onde proferi uma versão revisada de minhas Eliot Lectures sob o título *Quatre traditions de la liberté*. É um prazer especial agradecer a Pierre Bourdieu por ter sido um anfitrião tão receptivo e atencioso.

A sugestão de que minha Aula Inaugural poderia ser publicada em sua forma ampliada veio da Cambridge University Press. Sou grato, como sempre, a Jeremy Mynott, por seus generosos conselhos e estímulos. Richard Fisher foi meu editor e apresentou meu manuscrito impresso com a máxima rapidez e eficiência; Frances Nugent auxiliou-o com um olho maravilhosamente vigilante. Não pela primeira vez, estou consciente do quanto sou devedor a todos na Editora por seu serviço exemplar. Philip Riley concordou, em cima da hora, em corrigir as provas, uma tarefa que ele desempenhou com sua costumeira extraordinária meticulosidade.

As seguintes convenções foram usadas. A bibliografia de fontes primárias refere-se a obras anônimas pelo título. Quando uma obra foi publicada anonimamente mas o nome de seu autor é conhe-

12 QUENTIN SKINNER

cido, este é acrescentado entre colchetes. Todos os autores antigos são citados em sua forma mais familiar, de nome único. Na transcrição de textos do início da era moderna, minha regra geral foi preservar a grafia e a pontuação originais. Entretanto, ao adaptar citações em torno de meu próprio texto, eu, às vezes, mudei as letras iniciais de maiúsculas para minúsculas, ou vice-versa, conforme o contexto exigia. Preferi em todos os casos fazer minhas próprias traduções, mesmo usando edições em que são fornecidas traduções em páginas espelhadas.

Procurei preservar algo da informalidade de uma aula, mas tive por certo de remover todas as alusões e referências puramente locais. Entre essas mudanças, a única que lamento é a perda da homenagem que prestei no início de minha aula a meus dois predecessores imediatos na cadeira de *Regius Professor*, Geoffrey Elton e Patrick Collinson. Gostaria de terminar, portanto, com algumas palavras sobre essas duas grandes presenças em Cambridge.

Lord Acton falou no início de sua Aula Inaugural sobre o que ele descreveu como o movimento geral de ideias.[6] Para qualquer um cujos interesses históricos estejam centrados nesses movimentos, é difícil não sentir que o momento crucial na história britânica veio com as sublevações constitucionais de meados do século XVII. Mas esse julgamento não é de modo algum dado como garantido. Geoffrey Elton mudou a face da historiografia britânica tomando como uma de suas ambições confessas demonstrar que o século XVI foi um período de significado formativo ainda maior. Não menos vigorosa e inovadora foi a contribuição de Patrick Collinson. Com sua invejável combinação de conhecimento e graça literária, Patrick continua a nos mostrar que, no domínio das ideias, não menos do que na política, o período abrangendo as dores do parto da Inglaterra Protestante e do movimento Puritano Elisabetano não pode deixar de ser reconhecido como um importante ponto crucial.[7]

---

6 Acton, 1906a, p.3.

7 Ver Collinson, 1967 e 1988; ver também, adiante, capítulo 1, nota 32.

Tenho plena consciência de que, recorrendo ao que se segue ao século XVII, retorno a um cenário transformado pelo reconhecimento do trabalho de Elton e Collinson sobre o período precedente.

1

A TEORIA NEORROMANA
DOS ESTADOS LIVRES

I

Quando a guerra civil irrompeu na Inglaterra em 1642, a iniciativa ideológica foi primeiramente tomada pelos adversários do regime de Carlos I. Entre os defensores da oposição do parlamento à coroa, Henry Parker era talvez o mais influente entre aqueles que argumentavam que, ao menos em períodos de emergência nacional, "a suprema magistratura, tanto em questões de Estado como em questões de Direito", deve permanecer com as duas Casas do Parlamento como representantes do povo essencialmente soberano.[1] "Toda a arte da Soberania", declara Parker em suas *Observations* [*Observações*] de 1642, depende do reconhecimento de "que o poder é apenas secundário e derivativo nos Príncipes".[2] "A fonte e causa eficiente é o povo", de modo que os representantes eleitos do povo têm o direito de "julgar da necessidade pública

---

1 [Parker] 1934, p.194. Sobre o argumento de Parker, ver Tuck, 1993, p.226-33; e Mendle, 1995, esp. p.70-89.

2 [Parker], 1934, p.208, 168.

16   QUENTIN SKINNER

sem o Rei, e lançar mão de qualquer coisa" quando a liberdade e a segurança do povo estão em jogo.[3] A defesa da soberania parlamentar por Parker foi imediatamente contradita por afirmações monarquistas de que o rei em pessoa devia ser visto como o único "sujeito" ou portador de soberania.[4] Denunciando a supostamente "recém-cunhada distinção" entre *o Rei e Sua autoridade*, os defensores de Carlos I insistiam em que Deus "expressara na Escritura que tanto a Soberania como a pessoa investida de Soberania são dele, por ele e a partir dele imediatamente".[5] Entretanto, vários parlamentares mais cautelosos voltavam sua atenção para os procedimentos efetivos da constituição britânica e concluíam que a autoridade absoluta ou soberana deveria, em vez disso, residir com o corpo do reino-parlamento. O autor anônimo de *Englands Absolute Monarchy* [*Monarquia Absoluta na Inglaterra*] declarava, em 1642, que "Rei e Parlamento" estão "firmemente unidos para formar um poder absoluto",[6] ao passo que Philip Hunton sustentava em seu *Treatise of Monarchy* [*Tratado da Monarquia*], no ano seguinte, que "a soberania de nossos reis" é limitada pela "Autoridade concorrente dos dois outros Estados no Parlamento".[7]

Com o agravamento da crise constitucional,[8] uma nova voz se fez ouvir entre esses argumentos gastos. O verdadeiro sujeito ou

---

3 [Parker], 1934, p.168, 211.

4 Sobre a emergência desta teoria na Inglaterra do início do século XVII, ver Sommerville, 1986, esp. p.9-56. Para a descrição dos portadores de soberania como "sujeitos" de poder soberano, ver [Parker], 1934, p.210.

5 Ver, por exemplo, [Maxwell], 1644, p.32. Sobre Maxwell, ver Sanderson, 1989, p.48-51.

6 *Englands Absolute Monarchy*, 1642, Sig. A, 3v.

7 [Hunton] 1643, p.38-9. Sobre este desenvolvimento, ver Judson, 1949, esp. p.397-407; e Sanderson 1989, p.30-2.

8 Suponho que havia uma crise constitucional, não apenas um colapso na capacidade administrativa; mas para uma colocação clássica de uma tese mais redutora, ver Elton, 1974, v.II, p.164-82, 183-9. Para uma explanação de como

portador de soberania, afirmava-se, não é nem a pessoa natural do monarca nem qualquer corpo associado de pessoas naturais, mas sim a pessoa artificial do Estado. Havia precedentes para esta afirmação entre os juristas romanos,[9] e o argumento logo foi levado a um novo ápice de desenvolvimento por diversos filósofos do direito natural na Europa continental, sobretudo por Samuel Pufendorf em sua explanação do Estado como uma pessoa moral composta,[10] em seu *De Iure Naturae et Gentium* [*Direito Natural e das Gentes*] de 1672.[11] Mas no interior da teoria política anglófona dificilmente podemos evitar a associação deste movimento ao nome de Thomas Hobbes.[12] Hobbes começou a desenvolver sua concepção de soberania do Estado em seu *De Cive* de 1642,[13] mas foi no *Leviatã* de 1651 que ele proporcionou a apresentação definitiva de seus

---

    o argumento de Elton foi elaborado pelos assim chamados historiadores revisionistas do período, ver Adamo, 1993. Para uma discussão crítica da afirmação de que a crise era revolucionária num sentido marxista, ver MacLachlan, 1996, esp. p.55-63, 231-51.

9 O Estado é descrito em Hayward, 1603, Sig. B, 3v. como uma união na qual "muitos se entretecem em um poder e vontade". Sobre a teoria política dos civilistas ingleses neste período, ver Levack, 1973, p.86-121. Sobre a emergência, durante o mesmo período, da ideia do Estado como uma entidade abstrata distinguível tantos dos governantes como dos governados, ver Skinner, 1989.

10 Pufendorf usa o termo *civitas*, mas quando seu texto foi publicado em inglês, em 1703, seus tradutores traduziram *civitas* como "Estado". Ver Pufendorf, 1703, 7.2.13 e 14, p.151-2.

11 Pufendorf, 1672, VII.2.13, p.886, define o Estado como "uma pessoa moral composta cuja vontade, unida pelos acordos solenes de muitos indivíduos, é tomada como a vontade de todos" (*"Persona moralis composita, cuius voluntas, ex plurium pactis implicita & unita, pro voluntate omnium habetur"*). Ao mesmo tempo, ele louva Hobbes por ter retratado engenhosamente essa pessoa e acrescenta, num espírito hobbesiano (VII.2.14, p.887), que indivíduos e assembleias soberanos meramente exercem a vontade do Estado (*"Voluntas civitatis exserit vel per unam personam simplicem, vel per unum concilium"*).

12 Gierke, 1960, p.60-1, 139; cf. Runciman, 1997, esp. p.4-5.

13 Hobbes, 1983, V.IX-XII, p.134-5.

18   QUENTIN SKINNER

argumentos. Lemos ali que o Estado ou comunidade "é Uma Pessoa, de cujos Atos uma grande Multidão ... fez de cada um de seus membros o Autor" e que "aquele que leva esta Pessoa é chamado SOBERANO".[14] É aqui, em suma, que encontramos pela primeira vez a afirmação desprovida de ambiguidade de que o Estado é o nome de uma pessoa artificial "levada" ou representada por aqueles que detêm poder soberano, e que seus atos de representação são tornados legítimos pelo fato de serem autorizados por seus próprios súditos.

Ao mesmo tempo, alcançava proeminência uma concepção associada sobre a relação entre o poder do Estado e a liberdade de seus súditos. Ser livre como um membro de uma associação civil, alegava-se, é simplesmente estar desimpedido de exercer suas capacidades na busca de seus fins desejados. Um dos deveres básicos do Estado é impedir que você invada os direitos de ação de seus concidadãos, um dever que ele cumpre pela imposição da força coercitiva da lei sobre todos igualmente. Mas, onde a lei termina, a liberdade principia. Desde que você não esteja física nem coercivamente constrangido de agir ou em abstinência de agir pelos requisitos da lei, você permanece capaz de exercer seus poderes à vontade e nesta medida permanece de posse de sua liberdade civil.

Essa doutrina pode também ser encontrada no Direito Romano,[15] e foi discutida por vários monarquistas com preocupações legais imediatamente após a irrupção da guerra civil inglesa, incluindo Griffith Williams, Dudley Digges, John Bramhall e, logo

---

14 Hobbes, 1996, p.121.

15 O *Digest* [*Digesto*], 1985, I.1.1, v.I, p.1, cita Ulpiano para a concepção de que a lei nos torna bons sobretudo por induzir ao medo de punição (*"metu poenarum"*). Ver também *Digest*, 1985, I.5.4, v.I, p.15, onde Florentinus é citado para a concepção de que "a liberdade é a faculdade natural de se fazer o que se quer, a menos que o ato em questão esteja excluído por força física ou lei" (*"Libertas est naturalis facultas eius quod cuique facere libet nisi si quid vi aut iure prohibetur"*).

LIBERDADE ANTES DO LIBERALISMO   19

em seguida, Sir Robert Filmer.[16] Como antes, porém, a formulação mais nítida desse argumento na Inglaterra de meados do século XVII pode ser encontrada no *Leviatã* de Hobbes. A apresentação que Hobbes faz do argumento é especialmente incisiva em sua simplicidade, na medida em que ele sustenta que mesmo a força coerciva da lei deixa sua liberdade natural inalterada. "Geralmente todas as ações que os homens desempenham em comunidades, por *temor* da lei, são ações que seus autores tinham a *liberdade* de omitir."[17] Esta doutrina paradoxal está enraizada no fato de que, como materialista e determinista, Hobbes crê que a matéria em movimento constitui a única realidade.[18] De acordo com isto a autonomia de um homem consiste em nada mais do que no fato de que seu corpo não seja impedido de agir de acordo com seus poderes. "*Um* HOMEM LIVRE *é aquele que, naquelas coisas, que por sua força e sagacidade ele é capaz de fazer, não é impedido de fazer o que ele tem vontade.*"[19] Quando dizemos de alguém que agiu livremente, isto quer simplesmente dizer que ele realizou uma ação que tinha vontade de realizar, e o fez sem estorvo ou impedimento externo. Quando, em contraste, dizemos de alguém que ele carece da liberdade para agir de alguma forma específica, isto quer simplesmente dizer que uma ação ao alcance de seus poderes foi tornada impossível pela intervenção de alguma força externa.[20]

---

16 Wiliams, 1643, esp. p.82-4; [Bramhall], 1643, esp. p.70; [Digges], 1643, esp. p.14; Filmer, 1991, esp. p.267-8. Argumentos semelhantes foram usados para insistir que, a despeito de sua aparente sujeição, esposas não são desprovidas de liberdade. Ver Sommerville, 1995, p.79-113.

17 Hobbes, 1996, p.146.

18 Para esta suposição e seu efeito sobre a doutrina de Hobbes da vontade, ver Gauthier, 1969, p.5-13.

19 Hobbes, 1996, p.146.

20 Se a ação não está ao alcance de seus poderes, sua carência não é da liberdade, mas da capacidade de agir. Ver Hobbes, 1996, p.146; e cf. Skinner, 1990a, esp. p.123-8.

20 QUENTIN SKINNER

Como essa explicação revela, Hobbes não tem objeção a falar em termos tradicionais sobre a faculdade da vontade em relação a ações humanas. Ao invocar essa terminologia, contudo, ele sempre insiste em que a vontade nada mais é do que *"a última Apetência na Deliberação"*, e que, portanto, as operações da vontade são sempre causadas pelos fatores que afetam a deliberação do agente, bem como a causa final da ação deste.[21] Isto, por sua vez, significa que não há sentido em falar de ser forçado a agir contra sua vontade, uma vez que a vontade que reside por trás de sua ação será sempre revelada pela sua própria ação.

Podemos ver agora em que sentido você permanece livre, segundo Hobbes, ao agir em obediência à lei. Quando a lei o coage à obediência pela ativação de seus temores quanto às consequências da desobediência, ela não o faz levando-o a agir contra sua vontade, fazendo assim que você aja menos que livremente. Ela sempre o faz induzindo-o a deliberar de tal maneira que você desista de sua vontade de desobedecer, adquira uma vontade de obedecer e, portanto, aja livremente à luz da vontade que adquiriu.[22]

Hobbes não é menos enfático, todavia, em que a ameaça de punição incorporada na lei serve, é claro, como ele tem o cuidado de observar, para "conformar" sua vontade, e em que a razão usual para sua conformidade será o terror que você sente ao vislumbrar as consequências da desobediência.[23] Assim, os "grilhões artificiais"

---

21 Hobbes, 1996, p.45.

22 Mas como Brett, 1997, p.228-32, mostrou com acuidade, há uma confusão no argumento de Hobbes nesta passagem. A posse de sua liberdade corporal (liberdade de impedimentos externos) obviamente pressupõe a posse de sua liberdade natural (o direito natural de usar seus poderes à vontade). Mas, de acordo com Hobbes, 1996, p.120, você desiste de sua liberdade natural por ocasião do pacto pelo qual você se torna um súdito.

23 Hobbes, 1996, p.120-1. Hobbes originalmente escreveu *"performe"* [desempenhar]. Mais tarde ele inseriu *"conforme"* [conformar] por meio de uma supressão afixada sobre a palavra original após a correção das provas. Ele evidentemente considerava a questão ao mesmo tempo importante e difícil de formular. Tuck nota o uso da supressão em Hobbes, 1996, p.120 nota.

do direito civil são semelhantes aos grilhões reais e podem ter a finalidade de constrangê-lo; eles diferem dos grilhões reais apenas em que são "feitos para deter, pelo perigo, embora não pela dificuldade de rompê-los".[24]

Hobbes é assim levado a duas conclusões contrastantes sobre a liberdade dos súditos, alinhando plenamente sua doutrina com a de outros monarquistas como Digges, Bramhall e Filmer. Primeiro ele insiste em que o alcance de sua liberdade civil depende basicamente do "Silêncio da Lei".[25] Se a lei deseja que você aja ou abstenha-se de agir de alguma maneira específica, ela vai cuidar de aterrorizá-lo à conformidade. Mas a conclusão contrastante de Hobbes é que, desde que não haja lei à qual sua vontade deva se conformar, você permanece em plena posse de sua liberdade como súdito.[26] "Em casos nos quais o Soberano não prescreveu regra alguma, o Súdito tem então a Liberdade de agir ou abster-se de acordo com seu próprio discernimento."[27] Você permanece livre como súdito enquanto não for física ou legalmente coagido.

Como o próprio Hobbes sempre enfatizou, um de seus objetivos ao apresentar esta análise era desacreditar e superar uma forte tradição contrastante de pensamento em que o conceito de liberdade civil era, pelo contrário, associado ao ideal clássico da *civitas libera* ou Estado livre.[28] Esta teoria rival havia também sido uma característica proeminente do argumento legal e moral romano e fora ulteriormente revivida e adaptada pelos defensores da *libertà*

---

24 Hobbes, 1996, p.147.

25 Ibidem, p.152.

26 Para completar o argumento de Hobbes, contudo, temos de acrescentar a seguinte afirmação enfatizada em Hobbes 1996, p.150-3: que porque existem certos direitos naturais de ação que "não podem por nenhum Acordo ser abdicados", deve haver certas ações que "embora ordenadas pelo Soberano", um súdito "pode não obstante, sem Injustiça, recusar-se a realizar".

27 Hobbes, 1996, p.152.

28 Ibidem, p.149-50; cf. Hobbes, 1969, p.26, 28, 30-1, 43.

republicana no Renascimento italiano,[29] sobretudo por Maquiavel em seus *Discorsi* sobre a história de Roma de Tito Lívio.[30] Tão logo a teoria que descrevi foi adiantada por Digges, Hobbes, Filmer e outros monarquistas no decorrer da revolução inglesa, vários defensores da causa parlamentar responderam reafirmando este entendimento clássico da liberdade, conferindo assim renovada proeminência ao que talvez seja mais bem descrito como o elemento neorromano no pensamento político do início da era moderna.[31]

Com a recepção de valores humanistas na Inglaterra Renascentista, essa teoria neorromana já havia criado algumas raízes profundas e ramificadas. Patrick Collinson mostrou como "modos quase republicanos de reflexão e ação política" já estavam presentes mais tarde na sociedade elisabetana.[32] Pouco depois, humanistas "políticos" como Richard Beacon e Francis Bacon começavam a recorrer a ideias maquiavélicas sobre o *vivere libero*,[33] enquanto ideias semelhantes começavam a aparecer no teatro e na poesia da época, talvez de modo mais notável na *Arcadia* de Sir Philip Sidney e nas

---

29 Sobre a evolução desta tradição, o estudo clássico é Baron, 1966. Ver também Pocock, 1975, p.83-330; e Skinner, 1978, v.I, p.3-48, 69-112, 139-89. Para Maquiavel, sobre o *vivere libero*, ver Skinner, 1981, p.48-77; e especialmente Viroli, 1992, esp. p.126-77. Para citações de Maquiavel na Inglaterra do século XVII, ver Raab, 1964, p.102-217.

30 Maquiavel iniciou seus *Discorsi c.*1514 e completou a obra em 1519. Ver Skinner, 1978, v.I, p.153-4.

31 Eu me referi anteriormente não à teoria da liberdade neorromana, mas à republicana. Ver Skinner, 1983; e Skinner, 1990c. Mas este uso me parece agora propenso a equívoco. Ver adiante, notas 175 e 177.

32 Ver Collinson, 1990, p.23, polemizando com a análise de Pocock. É um prazer especial poder citar esta peça pioneira de pesquisa de Patrick Collinson, pois ele apresentou estas descobertas em sua Aula Inaugural como *Regius Professor* de História Moderna em Cambridge.

33 Sobre Beacon, ver Peltonen, 1995, esp. p.74-102; e para temas semelhantes em Bacon, ver Peltonen, 1995, esp. p.194-219. Sobre ideias republicanas neste período, ver também Norbrook, 1994.

LIBERDADE ANTES DO LIBERALISMO   23

peças romanas de Ben Jonson.[34] Depois disso, a teoria dos Estados livres continuou a ser um espinho para as teorias de governo contratualistas, bem como patriarcais até o século XVIII. A teoria foi revivida para atacar o alegado despotismo dos últimos Stuarts por autores como Henry Neville em seu *Plato Redivivus* [*Platão Redivivo*] e Algernon Sidney em seus *Discourses Concerning Government* [*Discursos Sobre o Governo*], ambos incitados à ação pela suposta ameaça de papismo e tirania no início da década de 1680.[35] Posteriormente, a mesma teoria foi oportunisticamente assumida por Lord Bolingbroke e seu círculo na década de 1720 como um meio de denunciar a oligarquia *whig* dominada por Sir Robert Walpole.[36] E de modo mais contencioso, ela foi posteriormente reafirmada por Richard Price e outros assim chamados comunitaristas para defender os colonos americanos e sua declaração unilateral de independência da coroa britânica em 1776.[37]

Pretendo focalizar, porém, aqueles que se apegaram a ideias neorromanas após o regicídio de 1649 e a proclamação oficial da Inglaterra como "uma Comunidade e Estado Livre".[38] Encontramos

---

34 Sobre Sidney, ver Worden, 1996, esp. p.227-39; sobre Jonson, ver Barton, 1984; Archer, 1993, p.95-120; Smuts, 1994, esp. p.31-4; e Worden, 1994e.

35 O *Plato Redivivus* de Neville foi publicado pela primeira vez em 1681. Ver Fink, 1962, p.129. Sobre Neville, ver Fink, 1962, p.123-48; Robbins, 1959, p.5-19; Pocock, 1975, esp. p.417-22. Os *Discourses* de Sidney foram escritos entre 1681 e 1683, mas só foram publicados em 1698. Ver Scott, 1991, p.201-2, 361. Sobre Sidney, ver Fink, 1962, p.149-69; Scott, 1988 e 1991; Houston, 1991. Sobre o republicanismo deste período, ver Worden, 1994d, p.144-65.

36 Recontei este capítulo da história em Skinner, 1974.

37 Para Price, ver Robbins, 1959, p.335-46; e para suas concepções sobre liberdade, ver Thomas, 1977, p.151-73; e Miller, 1994, esp. p.373-6. A explanação clássica dos argumentos republicanos na revolução americana está em Bailyn, 1965, esp. p.59-93. Ver também Houston, 1991, p.223-67. A explanação recente mais completa está em Rahe, 1992.

38 Gardiner, 1906, p.388. Para análises recentes do republicanismo na década de 1650, ver Worden, 1991; Scott, 1992; Pocock & Schochet, 1993. Ver também o excelente resumo em Worden, 1994a, b e c.

a teoria neorromana no cerne da propaganda posta em uso pelo novo governo em sua própria defesa.[39] Marchamont Nedham, o editor do jornal oficial *Mercurius Politicus*, publicou uma série de editoriais de setembro de 1651 a agosto de 1652 com o propósito explícito de ensinar aos seus concidadãos o que significa estar "estabelecido em um estado de liberdade".[40] As atividades editoriais de Nedham eram autorizadas e supervisionadas por John Milton, que fora nomeado para uma das secretarias do recém-criado Conselho de Estado em março de 1649.[41] Milton fora igualmente solicitado a colocar sua eloquência à disposição do novo regime, e recorreu extensivamente a ideias clássicas sobre liberdade nos panfletos que publicou em defesa da comunidade entre 1649 e 1651, especialmente na segunda edição de seu *Eikonoklastes* em 1650.[42]

Estes compromissos foram ecoados por muitos autores menores em apoio da comunidade no início da década de 1650,[43] in-

---

39 Como Worden, 1994a, p.61-2, salienta, contudo, encontramos estes argumentos montados apenas após a batalha decisiva de Worcester (setembro de 1651). Antes disso, defesas *de facto* do Parlamento Não Representativo predominavam, sobre o quê, ver Wallace, 1964; e Skinner, 1972.

40 Nedham 1767, p.xii. Sobre os editoriais de Nedham, ver Frank, 1980, p.90.

41 Sobre as relações de Nedham com Milton, ver Frank, 1980, esp. p.86; e Worden, 1995.

42 Corns, 1995, esp. p.26-7 e 36-40, mostra que os panfletos de Milton em defesa da comunidade já incorporam valores republicanos. Ele corretamente escolhe o ideal de cidadania, mas em *Eikonoklastes* a teoria neorromana da liberdade pode ser vista como desempenhando o papel mais subversivo. Ver adiante, capítulo 2, nota 40. Sobre as táticas literárias usadas por Milton para desacreditar o *Eikon Basilike*, ver Zwicker, 1993, p.37-59.

43 Mas Worden, 1994a, p.57-9, 64-8, enfatiza corretamente que, embora Nedham e Milton estivessem escrevendo propaganda oficial, eles, ao mesmo tempo, tinham uma postura altamente crítica em relação ao novo regime.

LIBERDADE ANTES DO LIBERALISMO 25

cluindo George Wither,[44] John Hall,[45] Francis Osborne[46] e John Streater.[47] Mas o momento culminante na emergência de uma teoria integral republicana de liberdade e governo na Inglaterra surgiu em 1656. Após dois anos desastrosos de experiência constitucional, Oliver Cromwell resolveu, em maio, convocar um novo parlamento. A oportunidade para denunciar o protetorado e pleitear um acordo autenticamente republicano foi imediatamente aproveitada por Marchamont Nedham, que revisou seus editoriais anteriores e republicou-os como *The Excellency of a Free State* [*A Excelência de um Estado Livre*] em junho de 1656.[48] Em poucos meses, a mesma oportunidade era aproveitada por James Harrington, que produziu o que pode ser considerado o mais original e influente de todos os tratados ingleses sobre Estados livres, *The Commonwealth of Oceana* [*A Comunidade de Oceana*], que apareceu pela primeira vez no final de 1656.[49]

---

44 Wither, 1874. O discurso de Wither *To the Parliament and People* apareceu pela primeira vez em 1653. Ver Smith, 1994, p.191-2, 230-2.

45 [Hall], 1700. Sobre o panfleto de Hall e a data de sua primeira aparição (1650), ver Smith, 1994, p.187-90, 213-5.

46 [Osborne], 1811. Para a atribuição do panfleto de Osborne e a data de sua primeira aparição (1652), ver Wallace, 1964, p.405; ver também Smith, 1994, p.190-1.

47 Sobre Streater, ver Smith, 1995.

48 Sobre esta versão, ver Pocock, 1975, p.381-3; Frank 1980, p.93-100; Worden, 1994a, p.74-81. Sobre a relação entre as duas versões, ver Frank, 1980, apêndice B, p.184-5. Como Worden, 1994a, p.81, observa, o texto de Nedham foi republicado em 1767 no contexto do debate sobre as colônias americanas. Esta é a edição que uso.

49 Sobre a data e o contexto da publicação, ver Pocock, 1977, p.6-14. Sobre Harrington como um republicano clássico, ver Pocock, 1975, esp. p.383-400; e Pocock, 1977, esp. p.43-76. Para algumas questões sobre a interpretação de Pocock, incluindo a sugestão de que Harrington é mais um seguidor de Hobbes, ver Rahe, 1992, p.409-26; e Scott, 1993, p.139-63.

26 QUENTIN SKINNER

A causa da república inglesa não iria prevalecer. Com o agravamento do caos político após a morte de Oliver Cromwell em 1658, a restauração da monarquia era apenas uma questão de tempo. As esperanças imediatas dos republicanos ingleses expiraram numa irrupção final de eloquência quando John Milton publicou *The Readie and Easie Way to Establish a Free Commonwealth* [*Uma Maneira Pronta e Fácil de Estabelecer uma Comunidade Livre*], cuja segunda edição apareceu em abril de 1660, quando preparações já estavam sendo feitas para saudar o retorno de Carlos II.[50] Não obstante, o período do Interregno deixou atrás de si o mais rico legado de escritos neorromanos e republicanos do século XVII, além de alimentar as sensibilidades políticas de autores como Henry Neville e Algernon Sidney, ambos os quais foram jovens membros do Longo Parlamento de meados da década de 1640 até sua dissolução pela força por Cromwell, em 1653.[51]

II

Quando os teóricos neorromanos discutem o significado da liberdade civil, geralmente deixam claro que pensam o conceito num sentido estritamente político. Eles ignoram a noção moderna de sociedade civil como um espaço moral entre governantes e governados,[52] e têm pouco a dizer sobre as dimensões de liberdade e opressão inerentes a instituições como a família ou o mercado de

---

50 Sobre a consistência do republicanismo de Milton no final da década de 1650, ver Dzelzainis, 1995.

51 Robbins, 1959, p.32; Scott, 1988, p.86, 100-1.

52 Eles usam frequentemente o termo "sociedade civil", mas apenas para distinguir o estado de natureza do estado em que vivemos como membros de uma comunidade. Ver, por exemplo, Harrington, 1992, p.8, 23. Em consequência, eles às vezes contrastam a sociedade civil à família. Ver, por exemplo, Sidney, 1990, II.5, p.96.

trabalho. Preocupam-se quase exclusivamente com a relação entre a liberdade dos súditos e os poderes do Estado. Para eles, a questão central é sempre sobre a natureza das condições que devem ser preenchidas para que os requisitos contrastantes da autonomia civil e da obrigação política sejam satisfeitos o mais harmoniosamente possível.[53]

Ao considerar essa questão, esses autores geralmente assumem que a liberdade ou a autonomia que estão descrevendo podem ser equacionadas com – ou, mais precisamente, explicadas claramente como – o desfrute sem constrangimentos de um número de direitos civis específicos.[54] É verdade que esta maneira de expressar o argumento não é encontrada em nenhuma de suas autoridades antigas, nem em qualquer dos autores neorromanos sobre o *vivere libero* desde o Renascimento italiano. Maquiavel, por exemplo, nunca emprega a linguagem dos direitos; ele sempre se limita a descrever o gozo da liberdade individual como um dos ganhos ou benefícios a serem derivados do fato de se viver sob um governo

---

53 Empreguei deliberadamente os termos *liberty e freedom* [Em português, esta diferença não tem um equivalente, mas podemos falar, por aproximação, de *autonomia* e *liberdade*. (N. T.)] alternadamente aqui *et passim*. Pitkin, 1988, insiste corretamente que os termos não são sinônimos. Mas permanece o fato de que, entre os autores que estou considerando, nada de importância filosófica é percebido em relação às diferenças. Ver, por exemplo, Hobbes, 1996, p.145, ao abrir seu capítulo sobre a liberdade dos súditos falando de "LIBERTY, or FREEDOME".

54 Embora os escritores que estou considerando geralmente falem de ausência de restrição (em vez de constrangimento), eles assumem que sua autonomia é solapada quando você é coagido a agir, bem como quando você é coercivamente impedido. Na medida em que "constrangimento" cobre ambas as eventualidades (enquanto "restrição" cobre apenas a segunda), ela parece a palavra melhor para ser usada. Harrington está consciente da questão e prefere falar de constrangimento. Ver Harrington, 1992, p.22. (Neville adota o mesmo uso: ver Neville, 1969, por exemplo, p.111.) Para uma discussão da questão terminológica precisamente nestes termos, ver a explanação da correspondência entre Jeremy Bentham e John Lind em Long, 1977, p.54-61; e cf. Miller, 1994, p.393-5; e Pettit, 1997, p.42.

bem-ordenado.[55] Em contraste, a maioria dos autores ingleses que estou considerando (Harrington é a principal exceção) revela um forte componente da teoria política radical da Reforma, segundo a qual o estado de autonomia é a condição natural da humanidade.[56] Milton resume a sabedoria convencional com suntuosa segurança no início de *The Tenure of Kings and Magistrates* [*A Posição de Reis e Magistrados*], em 1649, quando anuncia que ninguém "pode ser tão estúpido a ponto de negar que todos os homens naturalmente nasceram livres, sendo a imagem e semelhança do próprio Deus".[57]

A noção de um estado de natureza e a afirmação de que esta condição é uma condição de liberdade perfeita eram suposições inteiramente alheias aos textos romanos e renascentistas. Entre os autores do século XVII, contudo, elas deram lugar à alegação de que estas liberdades primitivas devem ser reconhecidas como um direito de nascimento concedido por Deus, e portanto como um conjunto de direitos naturais que, na expressão de Milton, torna-se "um fim principal" do governo proteger e preservar.[58] Nedham insiste nisto ainda mais enfaticamente. Nós não apenas somos dotados por Deus de vários "direitos e liberdades naturais", como "o fim de todo governo é (ou deveria ser) o bem e a comodidade do povo, num gozo seguro de seus direitos, sem pressão e opressão" de governantes ou concidadãos.[59]

---

55 Ver Maquiavel, 1960, I.16, p.174 e II.2, p.284, onde ele fala de *comune utilità* e *profitti*; ele nunca fala de *diritti*.

56 Sobre este antecedente, ver Salmon, 1959, esp. p.80-8, 101-8.

57 Milton, 1991, p.8; cf. Neville, 1969, p.85; Sidney, 1990, I.2, p.8-9.

58 Milton, 1980, p.455; cf. Neville, 1969, p.130. Não se pode, portanto, distinguir entre explicações neorromanas e contratualistas da liberdade civil por referência ao seu tratamento supostamente contrastante dos direitos. Já argumentei de outro modo, anteriormente, em consequência de enfocar demasiado exclusivamente textos do Renascimento. Ver Skinner 1983, 1984, 1986; mas cf. as justificadas críticas em Houston, 1991, esp. p.137; e em Charvet, 1993, esp. p.11-4.

59 Nedham, 1767, p.87, 11.

Não faz parte do propósito desses autores elencar tais direitos naturais detalhadamente. Mas eles, em geral, os consideram como incluindo liberdade de discurso, liberdade de movimento e liberdade de contrato, e frequentemente os resumem na afirmação de que todos os cidadãos têm o mesmo direito de desfrutar licitamente suas vidas, liberdades e propriedades.[60] John Hall faz um interessante acréscimo a esta litania familiar ao falar de nossa "prisca Liberdade e sua filha Felicidade", acrescentando que um dever subsequente do governo é nos possibilitar o gozo da "Felicidade positiva de uma Vida civil".[61] Mas a maioria dos autores neorromanos contenta-se em prescrever a nossos governantes, nas palavras de Nedham, que preservem "a segurança da vida e do patrimônio, liberdade e propriedade".[62] Sidney, por exemplo, fala das "leis que prescrevem a preservação das terras, liberdades, bens e vidas do povo",[63] enquanto Neville fala repetidamente de "vidas, liberdades e propriedades", invocando a expressão que John Locke iria mais tarde tornar canônica em seu *Dois Tratados do Governo*.[64]

Quando esses autores se voltam à consideração destas liberdades e de como elas podem ser mais bem preservadas, eles invariavelmente acabam sustentando duas suposições básicas sobre a

---

60 Para a aceitação desta alegação por todos os partidos na Inglaterra do final do século XVII, ver Harris, 1990.

61 [Hall], 1700, p.10, 15. Dado que Thomas Jefferson leu Harrington, e dado que Jefferson ulteriormente reuniu "vida, liberdade e a busca de felicidade", é sugestivo que o panfleto de John Hall tenha sido reimpresso (sob as iniciais "J. H.") na edição de John Toland das obras de Harrington em 1700. Esta é a edição que uso.

62 Nedham, 1767, p.72-3.

63 Sidney, 1990, III.16, p.403; cf. III.21, p.444 e III.25, p.464-5.

64 Neville, 1969, p.122, 125, 131, 185; cf. Locke, esp. II.123, p.350. Sobre a explicação de Locke destes direitos, ver Tully, 1980, p.163-74.

ideia de liberdade civil.[65] É nestas suposições que quero agora me concentrar. Uma razão para adotar este foco é que suas concepções sobre o significado de liberdade raramente foram submetidas à análise detalhada.[66] Mas minha principal razão é que a teoria da liberdade que eles esposam me parece constituir o cerne do que é específico em seu pensamento. Mais do que seu às vezes ambíguo republicanismo,[67] mais até do que seu inquestionável compromisso

---

65 Até aqui, as suposições dos autores que estou considerando eram partilhadas por aqueles que defendiam o parlamento quando da deflagração da guerra civil em referência à alegação "monarcômaca" (apresentada, como vimos, por Henry Parker entre outros) de que o povo, naturalmente livre e originalmente soberano, meramente delega seus poderes soberanos para serem exercidos em seu benefício, retendo ao mesmo tempo direitos decisivos de soberania e, em consequência, o direito de remover qualquer governante que aja em seu detrimento ao invés de benefício. Sobre esta teoria "monarcômaca", ver Skinner, 1978, v.II, p.302-48. Para a articulação de Parker da teoria em 1642, ver [Parker], 1934, esp. p.168, 170-1, 186. Alguns comentadores chamaram esta linha de pensamento "republicana". Ver, por exemplo, Tuck, 1993, p.221-53. Mas embora Parker se oponha claramente à tirania, e embora sua linha de argumentação fosse passível de ser acionada (como foi por Milton) para defender o regicídio, ela não é intrinsecamente republicana no sentido de incorporar um repúdio da instituição da monarquia. O próprio Parker insiste que é "zelosamente dedicado à Monarquia". Ver [Parker], 1934, p.207. Um republicanismo plenamente desenvolvido emerge apenas quando as duas diferentes premissas dos autores que estou considerando são acrescidas ao argumento.

66 Isto não quer dizer, porém, que me faltou orientação. Para os antecedentes romanos, ver Wirszubski, 1960, e Brunt, 1988; para as concepções de Maquiavel sobre liberdade, ver Colish, 1971; para as concepções de Maquiavel e Harrington, ver a discussão clássica em Pocock, 1975, esp. p.186-8, 196-9, 392-3; para Sidney, ver Scott, 1988, esp. p.35-42; Houston, 1991, esp. p.108--22; Scott, 1991, esp. p.201-28. Para uma discussão geral, à qual especialmente devo muito, ver Pettit, 1997, esp. p.17-78.

67 Pettit, 1997, p.15, caracteriza os autores que estou discutindo como expoentes da "liberdade republicana". Como observei, contudo, este uso é passível de equívoco. Alguns eram republicanos no sentido estrito de repudiar a instituição da monarquia, mas outros enfatizavam a compatibilidade de sua teoria da liberdade com formas regulamentadas de governo monárquico. Ver adiante, notas 175 e 177.

com uma política de virtude,[68] sua análise da liberdade civil assinala-os como os protagonistas de uma ideologia específica, e mesmo como os membros de uma única escola de pensamento.

A primeira de suas suposições em comum é que qualquer compreensão do que significa para um cidadão individual possuir ou perder sua liberdade deve estar incluída no interior de uma explicação do que significa para uma associação civil ser livre.[69] Eles começam assim por enfocar não a liberdade de indivíduos, mas sim o que Milton denomina "liberdade comum" ou "governo livre",[70] o que Harrington denomina "a liberdade de uma comunidade",[71] e o que Sidney mais tarde chama de "as Liberdades de Nações".[72] Como o título de Nedham ressonantemente nos lembra, a principal aspiração de todos esses autores era vindicar "a excelência de um Estado livre".[73]

A pista para a compreensão do que esses autores querem dizer ao pregar a liberdade de comunidades inteiras reside no reconhecimento de que eles tratam o mais seriamente possível a antiga metáfora do corpo político. Nedham abre *The Excellency of a Free State* comparando "movimentos em corpos naturais" com aqueles em corpos civis, e procura repetidamente falar do "corpo do povo" e do "corpo inteiro de uma comunidade".[74] Harrington, de modo

---

68 Worden, 1994a, p.46, afirma, pelo contrário, que "é como uma política de virtude que o republicanismo mais claramente se autodefine".

69 Para a mesma ênfase nas fontes romanas, ver Wirszubski, 1960, p.4-5. Note-se por contraste que, em textos "monarcômacos" como as *Observations* de Henry Parker de 1642 não há discussão de Estados livres; a questão de se a Inglaterra poderia ou deveria tornar-se um Estado livre nunca é levantada.

70 Milton, 1962, p.343, 472, 561; Milton, 1980, p.420, 424, 432.

71 Harrington, 1992, p.19. Cf. as repetidas referências a "comunidades livres" em Milton, 1980, p.407, 409, 421, 424, 429, 456, 458.

72 Sidney, 1990, II.31, p.303; cf. III.34, p.514.

73 Nedham, 1767, página do título.

74 Nedham, 1767, p.4, 62, 69, 173. Sidney prefere falar do corpo da nação. Ver Sidney, 1990, II.19, p.190; III.44, p.565.

semelhante, refere-se em *Oceana* ao "corpo inteiro do povo" e posteriormente nos informa, em seu *System of Politics*, que "a forma de um governo é a imagem do homem".[75] Mas é Neville quem faz o uso mais sistemático da figura tradicional, empregando-a para fornecer a estrutura dos três diálogos que compõem seu *Plato Redivivus*. Ele começa nos apresentando os três personagens, um dos quais é um Nobre Vêneto, um membro do corpo político correntemente desfrutando o melhor estado de saúde política.[76] Ficamos sabendo, contudo, que ele próprio tem tido desarranjos no corpo, e veio à Inglaterra à procura de orientação médica.[77] Isso serve para nos apresentar o segundo participante nos diálogos, a figura do Médico pelo qual ele foi curado. Ficamos sabendo que esses personagens desejam que o terceiro participante, um Cavalheiro Inglês, informe-os sobre os desarranjos comparáveis que afligem o corpo político em sua terra natal. O Cavalheiro assegura-lhes devidamente que o Estado inglês mergulhou nos últimos tempos em tal agonia que quase morreu.[78] O resto dos diálogos consiste então em delinear os planos do Cavalheiro para restaurar a saúde do corpo político da Inglaterra.[79]

A principal maneira pela qual esses autores seguem esta metáfora é examinando o sentido no qual os corpos natural e político são igualmente capazes de possuir e perder sua liberdade. Do mesmo modo que os corpos humanos individuais são livres, alegam eles, se e apenas se eles são capazes de agir ou eximir-se de agir à vontade, assim os corpos das nações e Estados são igualmente livres se e apenas se eles são similarmente desimpedidos de usar seus poderes de acordo com suas próprias vontades na busca de seus fins desejados. Estados livres, como pessoas livres, são assim definidos

---

75 Harrington, 1992, p.24, 273.

76 Neville, 1969, p.82.

77 Ibidem, p.73-4.

78 Ibidem, p.81.

79 Ibidem, p.76.

por sua capacidade de autogoverno.[80] Um Estado livre é uma comunidade na qual as ações do corpo político são determinadas pela vontade dos membros como um todo.

Uma inspiração óbvia para esse compromisso é fornecida pelos *Discorsi* de Maquiavel, cuja abertura define cidades livres como "aquelas que são governadas por sua própria vontade".[81] Nedham capta a ideia no início de seu *Excellency of a Free State*, declarando que, ao falar de povos livres, estamos falando daqueles que agem como "guardiães de suas próprias liberdades".[82] Sidney, em seus *Discourses*, mais tarde, refere-se ainda mais diretamente à analogia subjacente com a liberdade de indivíduos. "É comum dizer-se na França que *il faut que chacun soit servi à sa mode*; os negócios de cada homem devem ser feitos de acordo com seu próprio jeito: e se isso é verdade em pessoas particulares, é ainda mais plenamente verdade em nações inteiras."[83]

Essas suposições trazem consigo várias implicações constitucionais, as quais os teóricos neorromanos quase invariavelmente endossam. Uma é que, se um Estado ou comunidade for livre, as leis que o governam – as regras que regulamentam seus movimentos corporais – devem ser decretadas com o consentimento de todos os seus cidadãos, os membros do corpo político como um todo.[84] Na medida em que isso não ocorre, o corpo político será

---

80 Embora esta analogia esteja presente em todos os autores do século XVII que discuto, ela é ainda mais francamente afirmada por alguns dos comunitários do século XVIII. Ver, por exemplo, Price, 1991, p.22, 79, 84.

81 Maquiavel, 1960, I:2, p.129, fala de *cittadi* livres de *servitú* como aquelas *"governate per loro arbitrio"*.

82 Nedham, 1767, p.2 *et passim*.

83 Sidney, 1990, III.16, p.403.

84 Note-se o contraste com a forma como Locke entende o consentimento em seus *Two Treatises of Government*. Como Dunn, 1969, p.141-7, mostra, Locke emprega o conceito apenas para falar sobre as origens do governo legítimo. Cf. Locke, 1988, esp. II.95-122, p.330-49. Os autores que estou considerando acrescentam a demanda mais radical de que cada lei deve ser decretada com

34   QUENTIN SKINNER

levado a agir por uma vontade outra que não a sua própria, e será neste grau privado de sua liberdade.

Nedham desenvolve esse argumento ao explicar o que fazia dos romanos antigos um povo livre. Eles eram "de fato livres" porque "nenhuma lei podia ser imposta a eles sem que antes houvesse um consentimento nas assembleias do povo". Ele infere que "a única maneira de prevenir arbitrariedades é que nenhuma lei ou dominação, qualquer que seja, possa ser feita a não ser pelo consentimento do povo".[85] Harrington, nesta mesma argumentação, exagera em seu estilo mais espirituoso, ao afirmar que o segredo fundamental do governo livre é conhecido de qualquer garota que já tenha sido solicitada a cortar um bolo. Tome duas garotas, diz ele, que "tenham um bolo ainda indiviso que foi dado a ambas. Cada uma delas, portanto, pode ter a sua parte. 'Divida', diz uma para a outra, 'e eu escolho; ou deixe-me dividir, e você escolhe.' Se houver acordo, é o suficiente".[86] Mais ponderadamente, mas no mesmo espírito, Sidney define um Estado livre como "um corpo completo, tendo todo poder em si mesmo sobre si mesmo", no qual todo mundo é "igualmente livre para nele ingressar ou não", de modo que ninguém pode "ter nenhuma prerrogativa sobre outros, a menos que isto seja garantido pelo todo".[87]

Certos críticos têm, às vezes, reclamado que falar de um corpo político como possuidor de uma vontade é uma peça de metafísica confusa e potencialmente perigosa.[88] Mas os teóricos neorromanos esforçam-se em insistir que não têm nada de misterioso em mente. Quando eles falam sobre a vontade do povo, não estão se referindo

---

o consentimento daqueles que estarão sujeitos a ela. Sobre a questão associada da compreensão de Locke da liberdade política, ver Tully, 1993, p.281-323.

85   Nedham, 1767, p.xxii, 32-3; cf. p.28-9, 114-5.

86   Harrington, 1992, p.22.

87   Sidney, 1990, II.5, p.99.

88   Ver, por exemplo, as observações acauteladoras em Berlin, 1958, esp. p.17, 19, 43.

a nada mais do que à soma das vontades de cada cidadão individual. Como Harrington afirma, "as pessoas, tomadas à parte, não passam de muitos interesses privados, mas se você as toma em conjunto elas são o interesse público".[89] Tampouco são eles tão ingênuos a ponto de supor que podemos sempre – ou mesmo muito frequentemente – esperar que essas vontades e interesses convirjam em algum resultado uno. Pelo contrário, eles supõem que, ao falarmos da vontade do povo, devemos na verdade estar nos referindo à vontade da maioria. Osborne, sardonicamente, nos assegura de que as pessoas são "modestas a ponto de declarar a si e a seus julgamentos implicitamente contidos nos sufrágios da maioria, embora a lei aprovada nunca chegue a ser tão contrária ao seu juízo".[90] Também não chegam a declarar que esta seja uma solução inteiramente satisfatória para o problema dos direitos da minoria. Eles simplesmente insistem (como nós) em que é difícil pensar numa regra melhor de procedimento para capacitar corpos de povos a agir. Como Sidney explica, a razão por que estamos limitados a ver a vontade da maioria como conclusiva é que o governo se torna impossível se todos retêm "um direito, por sua discordância, de atrapalhar as resoluções do corpo todo".[91]

Uma implicação constitucional ulterior sugerida pela metáfora do corpo político é a de que o governo de um Estado livre deve idealmente ser tal que possibilite a cada cidadão individual exercer um direito igual de participação na elaboração de leis. Pois apenas isso pode assegurar que todos os atos de legislação reflitam adequadamente o consentimento explícito de todos os membros do corpo político como um todo. Como Nedham afirma, para as pessoas terem "qualquer liberdade real", elas devem estar "de posse do poder" de "decretar e revogar leis" e "adequadamente qualifi-

---

89 Harrington, 1992, p.166.

90 [Osborne], 1811, p.164.

91 Sidney, 1990, II.5, p.104.

cadas com a autoridade suprema".[92] Milton concorda que, para nos considerarmos um povo livre, devemos nos submeter apenas a "Leis que nós mesmos escolhemos".[93] Sidney, mais tarde, acrescenta que, quando falamos de nações que gozaram de liberdade, estamos nos referindo àquelas nações que "foram, e seriam, governadas apenas por leis de sua própria confecção".[94]

É reconhecido, contudo, que o autogoverno em seu sentido literal coloca algumas dificuldades quase insuperáveis. Destas, a mais óbvia, como observa Harrington, é que "o corpo inteiro do povo" é "um corpo de manejo demasiado difícil para ser reunido".[95] Sir Thomas More avançou uma possível solução em sua *Utopia*, de 1516, na época em que o ideal da *civitas libera* estava sendo pela primeira vez seriamente discutido na Inglaterra. Uma autêntica *res publica*, More sugere, deve assumir a forma constitucional de uma república federada. Uma das primeiras coisas que ficamos sabendo sobre a recém-descoberta ilha de Utopia é que seus cidadãos vivem em cinquenta e quatro cidades autogovernantes que administram seus próprios negócios por meio de magistrados anualmente eleitos, escolhidos entre eles mesmos.[96] Milton adota com entusiasmo a ideia em seu *Ready and Easie Way to Establish a Free Commonwealth*, que ele conclui propondo que "todo município no país" deve tornar-se "um tipo de Comunidade subordinada".[97] O efeito consistirá em possibilitar que o corpo do povo "em todas as coisas do governo civil" tenha "justiça em suas próprias mãos", de modo que ele não tenha a quem responsabilizar a não ser a si mesmo, se não for bem administrado".[98]

---

92 Nedham, 1767, p.xv, 23.

93 Milton, 1962, p.519.

94 Sidney, 1990, I.5, p.17; cf. II.5, p.99; III.31, p.502.

95 Harrington, 1992, p.24; cf. Sidney, 1990, II.5, p.102-3.

96 More, 1965, p.112, 122.

97 Milton, 1980, p.458.

98 Ibidem, p.459.

Entre os autores que estou considerando, contudo, poucos demonstram algum entusiasmo pela cessão ao que Nedham chama "o confuso corpo promíscuo do povo" de qualquer participação direta no governo.[99] Mesmo Milton reclama que as massas tendem a ser "exorbitantes e excessivas",[100] enquanto Neville considera óbvio que elas são "menos sóbrias, menos ponderadas e menos cuidadosas em relação aos interesses públicos" do que o necessário para o estrito autogoverno.[101] Sidney resume a atitude geral em seu tom habitual de fastio aristocrático. "Quanto ao governo popular no sentido mais estrito (que é a democracia pura, em que o povo em si, e por si, desempenha tudo o que faz parte do governo), não conheço tal coisa; e se há no mundo, nada tenho a dizer sobre isto."[102]

A solução correta, eles geralmente concordam, é que a massa do povo seja representada por uma assembleia nacional dos mais virtuosos e ponderados, uma assembleia escolhida pelo povo para legislar em seu benefício.[103] Há um pronunciado desacordo, con-

---

99 Nedham, 1767, p.38.

100 Milton, 1962, p.343.

101 Neville, 1969, p.102.

102 Sidney, 1990, II.19, p.189.

103 Algumas implicações constitucionais subsequentes tornam-se visíveis neste ponto. Para a preservação da liberdade da comunidade, nos é dito que deve haver uma disposição por parte do povo (ou de seus representantes) para dedicar seu tempo e energia a agir para o bem comum. Para colocar esta suposição na terminologia dos textos renascentistas, o povo deve possuir *virtù*. Mas o problema é que a *virtù* é raramente encontrada como uma qualidade natural: a maioria do povo prefere seguir seus próprios interesses e não o bem comum. Para colocar a questão novamente na terminologia do Renascimento, o povo tende à *corruzione*, não à *virtù*. A principal implicação constitucional é que, para estimular a virtude cívica (e assim preservar a liberdade pública) é preciso haver leis designadas para coagir as pessoas contra sua tendência natural mas autodestrutiva de solapar as condições necessárias à manutenção de sua própria liberdade. Procurei acompanhar este aspecto do argumento em Skinner, 1981, esp. p.56-73; e em Skinner, 1983 e 1984. Sobre o lugar da virtude cívica

38 QUENTIN SKINNER

tudo, sobre o tipo de corpo legislativo mais bem adaptado a este propósito no caso da comunidade inglesa. Alguns sustentam que a Câmara dos Comuns é adequadamente representativa em si. Esta é a concepção enfática de autores como Osborne, Nedham e Milton nos anos inaugurais da comunidade. Propagandistas contratados do Parlamento Não Representativo,[104] cujas ordenanças haviam abolido a monarquia e a Câmara dos Lordes, eles obedientemente insistem que, como Osborne coloca, "a câmara dos comuns" é agora "a mais justa, mais natural e menos parcial representante da nação inteira".[105] Nedham concorda que "os representantes do povo no parlamento" constituem agora "o poder supremo da nação",[106] enquanto Milton nunca deixou de trovejar a mesma mensagem. Ainda o encontramos proclamando em 1660 que "uma Comunidade livre sem uma única pessoa ou câmara de lordes, é certamente o melhor governo", e portanto que na Inglaterra a Câmara dos Comuns constitui "os únicos verdadeiros representantes do povo e de sua liberdade".[107]

Harrington deixa claro em *Oceana* que esta concepção do parlamento o estarrece,[108] no mínimo por ignorar a moral da história das garotas e do bolo. Governar com apenas uma assembleia é

---

nas teorias republicanas de cidadania, ver também Oldfield, 1990, esp. p.31-77; e Spitz, 1995, esp. p.341-427. Para a afirmação mais nítida entre os autores que estou considerando da ideia de que o povo pode ter de ser *forcé d'être libre*, ver Milton, 1980, esp. p.455.

104 No original, *Rump Parliament*. Trata-se da parte do *Long Parliament* (o Parlamento convocado em 1640, dissolvido em 1653 e reconvocado em 1659-1660) que permaneceu após o expurgo de 1648 (*"Pride's Purge"*), até ser dissolvido por Cromwell (1653). Ele foi reconvocado (1659), mas novamente dissolvido quando da restauração de Carlos II (1660). (N. T.)

105 [Osborne], 1811, p.163.

106 Nedham, 1767, p.ix-x.

107 Milton, 1980, p.429, 447.

108 Harrington, 1992, esp. p.64-6.

LIBERDADE ANTES DO LIBERALISMO 39

colocar o direito de deliberar e o direito de decretar políticas nas mesmas mãos. Como as garotas bem o sabem, porém, se os mesmos conselheiros dividem e escolhem, nada os impedirá de ficar com o bolo inteiro para eles. Isso torna essencial governar com duas assembleias separadas, uma que delibera enquanto a outra executa o que foi concordado. Harrington acredita também que a assembleia deliberativa deveria assumir a forma de um senado eleito com membros da nobreza, com o argumento um tanto otimista de que "a sabedoria da comunidade está na aristocracia".[109] Em contraste, a assembleia executiva deveria permanecer nas mãos do populacho – ou antes, de seus representantes eleitos –, com base em que "o interesse da comunidade está no corpo inteiro do povo".[110]

Dificilmente chega a surpreender que, após a restauração da monarquia britânica e da Câmara dos Lordes em 1660, foi a concepção de Harrington que prevaleceu, mesmo entre os mais radicais dos autores neorromanos sobre comunidades livres. Neville segue Harrington, como o faz frequentemente, ao falar em defesa de um senado e de uma câmara de representantes, acrescentando que o senado deveria ser eleito pelo parlamento como um todo.[111] De modo sem dúvida condizente com sua condição de filho de um conde,[112] Sidney fala ainda mais fervorosamente da necessidade de "uma grande e valorosa nobreza" moderar o absolutismo de monarcas e os excessos da multidão.[113] Daí em diante o ideal de uma constituição mista e equilibrada permaneceu no cerne das propostas apresentadas pelos chamados comunitários no século XVIII, e acabou sendo cultuado (com o elemento monárquico convertido em presidencial) na constituição dos Estados Unidos.

---

109 Harrington, 1992, p.21-2.

110 Ibidem, p.22, 64-6.

111 Neville, 1969, p.103, 192.

112 Sobre os antecedentes familiares de Sidney, ver Scott, 1988, p.43-58.

113 Sidney, 1990, I.10, p.31; II.16, p.166-70; III.37, p.526-7.

40 QUENTIN SKINNER

III

Quero agora considerar o outro argumento específico apresentado pelos teóricos neorromanos sobre a ideia de liberdade civil. Esta afirmação adicional emerge tão logo eles passam a discutir aqueles Estados que são governados não pela vontade de seus próprios cidadãos, mas pela vontade de alguém outro que não a comunidade como um todo. Ao falar desses Estados, eles novamente revelam quão seriamente tomam a analogia entre corpos naturais e políticos. Assumem que o significado ao se falar de uma perda de liberdade no caso de um corpo político deve ser o mesmo no caso de uma pessoa individual. E prosseguem argumentando – na mais clara proclamação de suas fidelidades clássicas[114] – que o que significa para uma pessoa individual sofrer uma perda de liberdade é ser transformada em escravo. A questão do que significa para uma nação ou Estado possuir ou perder sua liberdade é dessa maneira analisada inteiramente em termos do que significa cair numa condição de escravidão ou servidão.[115]

Mais uma vez, os *Discorsi* de Maquiavel fornecem uma inspiração óbvia para esta linha de pensamento. Os capítulos iniciais de Maquiavel dependem em larga medida de uma distinção entre cidades que "começaram suas vidas em liberdade"[116] e cidades "que na

---

114 Parece importante sublinhar este ponto, no mínimo porque vários comentadores recentes (notavelmente Rahe, 1992) defenderam uma nítida distinção entre republicanismo antigo e moderno.

115 O contraste entre liberdade e escravidão é notado em Wirszubski, 1960, p.1-3; Pocock, 1977, p.57; Worden, 1994b, p.100-1. Ver também Houston, 1991, p.102, 108-22, sobre a distinção entre liberdade e escravidão como ponto de partida de Sidney. Mas é Pettit quem mais fez para ressaltar o significado do contraste. Ver Pettit, 1997, esp. p.22, 31-2, uma análise à qual sou profundamente devedor.

116 Ver Maquiavel, 1960, I.1, p.129, para a afirmação de que Roma desfrutou um *"principio libero"*.

origem não eram livres",[117] estas últimas sendo descritas, por sua vez, como vivendo em servidão.[118] John Hall segue rigorosamente esta análise ao comparar as realizações de Roma antiga, que "produziu boas Leis e Ampliações de Liberdade", com a situação de tantas monarquias modernas, "que definham numa Servidão brutal" e vivem "como Escravos".[119] Milton estabelece a mesma comparação na abertura de seu *Readie and Easie Way*, a obra em que seu estudo dos *Discorsi* de Maquiavel melhor aparece.[120] Ele começa protestando contra "esta disposição nociva de retornar ao cativeiro", e mais adiante fala de corpos políticos sob monarquia como vivendo em "servidão detestável" sob "cativeiro régio" e jugo de escravidão.[121] Sidney começa seus *Discourses* precisamente do mesmo modo, traçando uma distinção fundamental entre "nações livres" e aquelas que "viveram em escravidão", um contraste que daí em diante percorre todo o livro.[122]

As autoridades sobre as quais estes autores especialmente se apoiam para sua compreensão da escravidão são os moralistas e historiadores romanos. Mas as concepções dessas antigas autoridades haviam, por sua vez, derivado quase que inteiramente da tradição legal romana finalmente preservada no *Digesto* de direito romano. É portanto ao *Digesto* que devemos dirigir nossa atenção se quisermos retomar os conceitos e distinções que se tornaram de uso geral.[123]

---

117 Ver Maquiavel, 1960, I,1, p.126, sobre a ausência em Florença de uma *"origine libera"*.

118 Maquiavel, 1960, I.2, p.129, sobre cidades vivendo em *"servitú"*.

119 [Hall], 1700, p.15.

120 Para o estudo de Milton dos *Discorsi* de Maquiavel (realizado em 1651-1652), ver Armitage, 1995, p.207 e nota.

121 Milton, 1980, p.407, 409, 422, 448-9.

122 Sidney, 1990, I.5, p.17.

123 As concepções dos juristas romanos sobre escravidão são citadas e discutidas em Garnsey, 1996, esp. p.25-6, 64-5, 90-7.

42   QUENTIN SKINNER

O conceito de escravidão é inicialmente discutido no *Digesto* sob a rubrica *De statu hominis*, onde nos é dito que a distinção mais fundamental no interior do direito das gentes é entre aqueles que são livres e aqueles que são escravos.[124] O conceito de liberdade é sempre definido no *Digesto* por contraste com a condição de escravidão,[125] enquanto o predicamento do escravo é definido como o de "alguém que, contrariamente à natureza, é tornado propriedade de alguém mais".[126]

Se indagássemos o que torna os escravos não livres, poderíamos esperar a resposta de que sua falta de liberdade deriva do fato de que eles são forçados a agir por força física ou ameaça dela. É surpreendente, contudo, que isto não seja tomado como a essência da escravidão nas discussões romanas sobre a distinção entre liberdade e servidão. É, por certo, reconhecido que escravos, sendo propriedade de outros, podem sempre ser diretamente oprimidos por aqueles que os possuem.[127] Mas vale a pena lembrar que uma das ironias mais frequentemente exploradas na comédia romana centra-se na inversão do relacionamento senhor-escravo e, especificamente, na habilidade de escravos engenhosos em eludir as implicações de sua própria servidão.[128] A figura audaciosa de Tranio em *Mostellaria*, de Plauto, oferece talvez a mais memorável ilustração

---

124 *Digest*, 1985, I.5.3, v.I, p.15: "*Summa itaque de iure personarum divisio haec est, quod omnes homines aut liberi sunt aut servi*".

125 Um ponto bem enfatizado em Wirszubski, 1960, p.1-3; e em Brunt, 1988, p.283-4. O contraste já está implícito na explicação dos diferentes *status* de escravos e pessoas livres no Livro 1; ele é explicitado na discussão da manumissão no Livro 40. Ver *Digest*, 1985, v.III, p.421-86.

126 *Digest*, 1985, I.5.4, v.I, p.15: "*Servitus est...qua quis dominio alieno contra naturam subicitur*".

127 O Livro 1 do *Digest* reconhece que escravos são pessoas, mas o Livro 41 (sobre propriedade) torna claro que, como Aristóteles declarara, eles são meramente ferramentas vivas. Sobre este aspecto dual, ver Garnsey, 1996, p.25-6.

128 O tema recorre constantemente nas comédias de Plauto, em particular em *Baquides, Epidicus, Mostellaria* e *Pseudolus*.

do tema. Pelo fato de seu senhor ser benevolente e em geral ausente, Tranio é capaz de se gabar de nunca ter sofrido nenhuma opressão direta.[129]

Em que sentido, então, é este escravo não livre? O *titulus* logo em seguida ao *De statu hominis* no *Digesto* torna claro que, se quisermos entender a essência da servidão, temos de observar uma outra distinção no interior do direito das gentes: a distinção entre aqueles que estão e aqueles que não estão, *sui iuris*, dentro de sua própria jurisdição ou direito.[130] Um escravo é um exemplo – o filho de um cidadão romano é outro[131] – de alguém cuja ausência de liberdade deriva do fato de estar "sujeito à jurisdição de alguém mais"[132] e estar consequentemente "dentro do poder" de uma outra pessoa.[133]

Isso resolve o aparente paradoxo do escravo que consegue evitar ser coagido.[134] Embora tais escravos possam na verdade ser capazes de agir à vontade, eles permanecem por todo tempo *in potestate domini*, dentro do poder de seus senhores.[135] Eles, desse modo, permanecem sujeitos ou passíveis de morte ou de violência a qualquer momento, como mesmo a personagem de Tranio é obrigada a reconhecer.[136] A essência do que significa ser um escravo, e portanto a falta de liberdade pessoal, é assim estar *in potestate*, dentro do poder de alguém mais.[137]

---

129 Quando se inicia a ação, o senhor de Tranio esteve ausente no Egito por três anos. Ver Plauto, 1924, linhas 78-9, p.296.

130 *Digest*, 1985, I.6. *titulus*, v.I, p.17: *De his qui sui vel alieni iuris sunt.*

131 *Digest*, 1985, I.6.3, v.I, p.18: *"Item in potestate nostra sunt liberi nostri ... quod ius proprium civium Romanorum est"*. Cf. Brunt, 1988, p.284-5.

132 *Digest*, 1985, I.6.1, v.I, p.17: *"alieno iuri subiectae sunt"*.

133 Ibidem, p.18: *"in aliena potestate sunt"*.

134 Corretamente enfatizado em Pettit, 1997, p.32, 35.

135 *Digest*, 1985, I.6.2, v.I, p.18.

136 Plauto, 1924, linha 37, p.292.

137 A expressão ecoa através de discussões posteriores da escravidão no *Digest*. Ver, por exemplo, *Digest*, 1985, 2.9.2, v.I, p.52; 9.4.33,v.I, p.303; 11.1.16, v.I,

44   QUENTIN SKINNER

Os moralistas e historiadores romanos recorrem extensivamente a esta explicação,[138] embora fazendo acréscimos ao falar da escravidão como aquela condição na qual alguém é *obnoxius*, perpetuamente sujeito ou propenso a maus-tratos ou punição. Embora o termo *obnoxius* ocorra com certa frequência no *Digest*, os juristas o empregam quase exclusivamente para referir-se à condição de obrigação legal.[139] Entre os moralistas e historiadores, contudo, encontramos o termo aplicado mais amplamente para descrever o predicamento de qualquer um que dependa da vontade – ou, como dizemos, da boa vontade – de alguém mais.[140] Salusto, por exemplo, reclama em seu *Bellum Catilinae* que, "desde que nossa república submeteu-se à jurisdição e ao controle de umas poucas pessoas poderosas, o resto de nós fomos *obnoxii*, vivendo em subserviência a elas",[141] ao que ele acrescenta que viver numa tal condição é

---

p.339; 48.10.14, v.IV, p.825. Para a discussão posterior mais completa, ver Livro 41 sobre a aquisição da propriedade de coisas, esp. 41.1.10, v.IV, p.491 e 41.1.63, v.IV, p.500.

138   Isto pode parecer uma afirmação confusamente anacrônística, mas as concepções que recolhi do *Digest* foram por certo reunidas a partir de juristas mais antigos, e é a este fundo comum que os moralistas e historiadores romanos recorrem. Eles o fazem particularmente ao descrever os escravos como estando *in potestate*, dentro do poder de alguém mais. Ver, por exemplo, Sêneca, *De Ira*, 3.12.7, em Sêneca, 1928-1935, v.I, p.286; e Sêneca *De Beneficiis*, 3.22.4, em Sêneca, 1928-1935, v.III, p.168. Sobre escravos como pessoas *in potestate*, ver também Lívio 8.15.8, em Lívio, 1926, p.62; e Lívio 37.34.4, em Lívio, 1935, p.388.

139   *Digest*, 1985, 11.3.14, v.I, p.344; 18.1.81, v.II, p.526; 26.7.57, v.II, p.772; 34.1.15, v.III, p.145; 46.1.47, v.IV, p.693; 48.15.1, v.IV, p.834.

140   De acordo com o Novo Testamento – recorrendo aqui como o faz tão frequentemente às suposições da filosofia moral romana –, isto descreve a natureza da relação entre nós mesmos e Deus; nós dependemos inteiramente de Sua benevolência. Parece ter sido graças à tradução de Lucas 2.14 na Versão Autorizada que o termo "boa vontade" veio a ser amplamente usado como um meio de descrever a benevolência que esperamos encontrar nas mãos daqueles sob cujo poder vivemos.

141   Salusto, 1931, 20.6-7, p.34: "*postquam res publica in paucorum potentium ius atque dicionem concessit ... ceteri omnes ... eis obnoxii*". Lívio fala de modo similar

equivalente à perda de nossa liberdade civil.[142] Sêneca, em seu *De Beneficiis*, define escravidão de modo semelhante como a condição na qual os corpos das pessoas "estão *obnoxia*, à mercê de seus senhores, a quem eles são atribuídos".[143] E Tácito frequentemente emprega o termo *obnoxius* para descrever aqueles que estão expostos a maus-tratos ou vivem à mercê de outros,[144] além de usar o termo para referir a condição de dependência sofrida por aqueles que são privados de sua liberdade.[145]

É esta análise da escravidão que fundamenta a explicação dada pelos autores neorromanos do que significa para uma associação civil possuir ou perder sua liberdade. Talvez o canal mais importante para a transmissão desta concepção da *civitas libera* à Europa no início da era moderna tenha sido a história de Roma de Lívio.[146] Os primeiros livros da história de Lívio[147] são dedicados principalmente a descrever como o povo de Roma se libertou de seus primeiros reis e conseguiu fundar um Estado livre.[148] Um Estado livre, Lívio explica, é um Estado em que há magistraturas eleitas anual-

---

de ser *obnoxius* como equivalente, no caso de uma comunidade, a estar sujeita ao poder de outra. Ver Lívio 7.30.3, em Lívio, 1924, p.456; Lívio 37.53.4, em Lívio, 1935, p.446.

142 Salusto, 1931, 20.6-7, p.34, fala de viver em subserviência como uma perda de *libertas*.

143 Sêneca, *De Beneficiis*, 3.20.1, em Sêneca, 1928-1935, v.III, p.164, sobre *servitudo* como a condição em que *"corpora obnoxia sunt et adscripta dominis"*.

144 Ver, respectivamente, Tácito, *The Annals*, 14.40, em Tácito, 1914-1937, v.V, p.172; e Tácito, *The Annals*, 11.7, em Tácito, 1914-1937, v.IV, p.256.

145 Tácito, *The Annals*, 14.1, em Tácito, 1914-1937, v.V, p.106.

146 Sobre a *civitas libera* em Lívio, ver Wirszubski, 1960, p.9-12.

147 Traduzidos primeiramente para o inglês em 1600 – uma data sugestiva, tendo em vista as descobertas de Collinson sobre o desabrochar do republicanismo popular no final do reinado de Elizabeth. Ver Lívio, 1600; e cf. Collinson, 1987, esp. p.399-402; e Collinson, 1990, esp. p.18-28.

148 Para esta expressão, ver Lívio 3.38.9, em Lívio, 1922, p.126; Lívio 6.20.14, em Lívio, 1924, p.266; Lívio 6.40.6, em Lívio, 1924, p.336.

46 QUENTIN SKINNER

mente[149] e uma sujeição igual de todo cidadão ao domínio da lei.[150] Tal Estado pode ser, portanto, definido como uma comunidade autogovernante na qual – como Lívio acrescenta numa expressão muito ecoada pelos autores neorromanos – "o *imperium* das leis é maior do que o de qualquer homem".[151] Segue-se não simplesmente que a tirania, mas todas as formas de governo monárquico são incompatíveis com a manutenção da liberdade pública. No decorrer de seus livros iniciais, Lívio continuamente contrasta o governo dos primeiros reis de Roma à liberdade conseguida pelo povo romano quando os Tarquínios foram finalmente expulsos.[152]

Quando Lívio fala, por contraste, dos mecanismos pelos quais Estados livres perdem sua liberdade, ele invariavelmente iguala o perigo envolvido com o da queda na escravidão.[153] Seus livros iniciais utilizam terminologia legal padrão para explicar a ideia de servidão pública, descrevendo comunidades sem liberdade como vivendo *in potestate*, dentro do poder ou sob o domínio de uma outra nação ou Estado.[154] Em seus livros posteriores, contudo, ele às vezes invoca uma fórmula diferente que subsequentemente revelou ter grande ressonância entre os autores neorromanos do início do período moderno. Descreve a característica da servidão pública como a de viver numa condição de dependência da vontade de uma

---

149 Lívio 2.1.7, em Lívio, 1919, p.220; Lívio 4.24.4-5, em Lívio, 1922, p.332.

150 Lívio 2.3.2-4, em Lívio, 1919, p.226; Lívio 3.45.1-2, em Lívio, 1922, p.146.

151 Lívio 2.1.1, em Lívio, 1919, p.218: "*imperiaque legum potentiora quam hominum*". Para expressões semelhantes em Cícero e Salusto, ver Wirszubski, 1960, p.9. Para o uso de Harrington da expressão em *Oceana*, ver adiante, capítulo 2, nota 39.

152 Lívio 1.17.3, em Lívio, 1919, p.60; Lívio 1.46.3, em Lívio, 1919, p.160; Lívio 2.1.1, em Lívio, 1919, p.218; Lívio 2.9.2-6, em Lívio, 1919, p.246; Lívio 2.15.2-3, em Lívio, 1919, p.266-8.

153 Lívio 1.23.9, em Lívio, 1919, p.80; Lívio 3.37.1, em Lívio, 1922, p.120; Lívio 3.61.1-3, em Lívio, 1922, p.204; Lívio 4.15.6, em Lívio, 1922, p.308.

154 Lívio 5.20.3, em Lívio, 1924, p.68; Lívio 8.19.12, em Lívio, 1926, p.76.

outra nação ou Estado.[155] A instância mais nítida ocorre na passagem em que ele lembra os esforços das cidades gregas para restaurar suas boas relações com Roma. A política requerida, conforme o discurso de um de seus porta-vozes, pressupõe a posse de *libertas*, a capacidade de "manter-se reto por meio de sua própria força sem depender da vontade de alguém mais".[156]

Como James Harrington assinala em *Oceana*, foi esta explicação da liberdade antiga que Maquiavel encontrou em Lívio e legou ao mundo moderno.[157] Lívio e Maquiavel, ao lado de Salusto, tornaram-se os maiores heróis literários dos autores que estou considerando: Harrington louva Maquiavel como "o único político dos tempos recentes",[158] enquanto Neville chega ao ponto de falar de Maquiavel como incomparável e mesmo divino.[159]

Recorrendo a essas autoridades, os autores neorromanos falam de duas vias distintas para a servidão pública. Antes de tudo, tomam como dado que um corpo político, como um corpo natural, será desprovido de liberdade se for forçosa ou coercivamente privado de sua capacidade de agir à vontade na busca dos fins que escolheu. Mais do que isto, eles tratam o uso dessa força contra um povo livre como nada menos do que a marca distintiva de tirania.[160] Isso explica por que a tentativa de prisão por Carlos I dos

---

155 Lívio 42.13.12, em Lívio, 1938, p.330.

156 Ver Lívio 35.32.11, em Lívio, 1935, p.94, sobre *libertas* como a qualidade *"quae suis stat viribus, non ex alieno arbitrio pendet"*. Cf. Wirszubski, 1960, p.9.

157 Harrington, 1992, p.20, 30. Mas para uma explicação contrastante das fontes da compreensão do século XVII da escravidão, ver Houston, 1991, p.108-10.

158 Harrington, 1992, p.10.

159 Neville, 1969, p.81, 97, 126. Sobre a admiração comparável de Sidney por Maquiavel, ver Scott, 1988, p.30-5. Observe-se, por contraste, a repulsa a Maquiavel expressa por autores "monarcômacos" da década de 1640, como Henry Parker, que fala (em [Parker] 1934, p.185) da "política desprezível do florentino".

160 Ver, por exemplo, Milton, 1962, p.529; Sidney, 1990, II.27, p.263-70.

48   QUENTIN SKINNER

cinco membros da Câmara dos Comuns em janeiro de 1642 veio a ser vista pelos expoentes da interpretação *"whig"* da revolução inglesa como (nas palavras de Macaulay) a "resolução mais momentosa" da vida de Carlos I, e aquela que tornou a oposição a ele "irresistível de uma vez por todas".[161] Milton, particularmente, trata o episódio como uma ocasião para uma de suas grandes passagens no *Eikonoklastes*.[162] Quando o rei introduziu os Comuns com "cerca de trezentos Fanfarrões e Rufiões", ele estava tentando impedir o corpo representativo da nação de executar seu dever fundamental de deliberar sobre os negócios da comunidade.[163] Ele procurava, em outras palavras, substituir à força a vontade do corpo político pela sua própria vontade como o determinante das ações do Estado, violando e agredindo, desse modo, a honra e a liberdade de toda a Câmara.[164] Milton mais adiante delineia a moral no decorrer da discussão das Dezenove Propostas:

> Se nossas mais altas consultas e leis propostas devem ser limitadas pela vontade dos Reis, então é a vontade de um homem nosso Direito, e nenhuma sutileza de argumento pode resgatar o Parlamento e a Nação de serem Escravos, nem pode algum Tirano exigir mais então que sua vontade ou razão, embora não satisfatória, deva ainda ser sustentada, e determine todas as coisas.[165]

O uso da força sem direito é sempre um meio de solapar a liberdade pública.

---

161 Macaulay, 1863, v.I, p.108, 110, evidentemente lembrando Rapin, 1732-1733, v.II, p.406, col.2, que descrevera o episódio como "o mais imprudente e mais fatal passo em seus negócios que ele poderia possivelmente dar". Sobre a história de Rapin como uma contribuição fundadora à interpretação *"whig"* da revolução inglesa, ver Forbes, 1975, p.233-40. Para detalhes sobre a tentativa de prisão, ver Kenyon, 1966, p.195-6.

162 Ver também Neville, 1969, p.149.

163 Milton, 1962, p.377.

164 Ibidem, p.377, 389.

165 Ibidem, p.462.

Esses autores não são menos insistentes, contudo, em que um Estado ou nação pode ser privado de sua liberdade se for simplesmente sujeito ou propenso a ter suas ações determinadas pela vontade de alguém que não os representantes do corpo político como um todo. Pode ser que a comunidade não seja, na verdade, governada tiranicamente; seus governantes podem optar por seguir os ditames da lei, de modo que o corpo político possa não ser na prática privado de nenhum de seus direitos constitucionais. Tal Estado será, não obstante, considerado como vivendo em escravidão se sua capacidade para ação for, de alguma maneira, dependente da vontade de alguém que não o corpo de seus próprios cidadãos.

Diz-se haver duas maneiras distintas pelas quais esta segunda forma de servidão pública pode emergir. Uma é quando um corpo político se encontra sujeito à vontade de um outro Estado em consequência de colonização ou conquista. Esta não é uma questão de grande preocupação para os autores que estou considerando, mas iria, mais tarde, ser de importância capital para os defensores dos colonos americanos no século XVIII. Talvez nem sempre seja suficientemente enfatizado que o ato decisivo de desafio por parte das treze colônias assumiu a forma de uma Declaração de Independência; isto é, uma declaração de um fim a seu estado de dependência – e portanto de escravidão – em relação à coroa britânica. O argumento favorável ao tratamento das colônias americanas como Estados escravizados é apresentado com excepcional coragem por Richard Price em seus *Two Tracts on Civil Liberty* [*Dois Panfletos sobre Liberdade Civil*] de 1778. Qualquer país, declara Price, "que esteja sujeito à legislação de um outro país na qual ele não tenha voz, e sobre a qual ele não tenha controle, não pode ser dito como governado por sua própria vontade. Tal país, portanto, acha-se num estado de escravidão".[166] Isso deriva do fato de que, como Price explica mais adiante, "um governo livre perde sua natureza a partir do momento em que se torna propenso a ser comandado ou alterado por qualquer poder superior".[167]

---

166 Price, 1991, p.30.

167 Ibidem, p.45.

A outra maneira pela qual esta forma de servidão pública pode emergir é quando a constituição interna de um Estado permite o exercício de quaisquer poderes discricionários ou privilegiados da parte daqueles que o governam. Isto explica por que os autores que estou considerando colocam tanta ênfase, em sua anatomia da alegada tirania de Carlos I, sobre sua posse de uma "voz negativa" ou veto final a respeito de qualquer legislação a ele posta pelo parlamento. Quase todos eles se satisfazem em asseverar que, como Osborne o coloca, a existência de tal poder é em si "destrutiva para a própria essência de liberdade".[168] Mas Milton, no *Eikonoklastes*, vai além, recorrendo às suas leituras clássicas para fornecer uma explicação mais ponderada de por que poderes discricionários servem invariavelmente para reduzir nações livres ao *status* de escravos.

Milton enuncia seu princípio básico no curso da discussão das Dezenove Propostas e da resposta de Carlos I a elas:

> Toda Comunidade é em geral definida como uma sociedade autossuficiente, em todas as coisas que conduzem ao bem-estar e às comodidades da vida. Se ela não pode ter qualquer uma destas coisas necessárias sem a dádiva e favor de uma única pessoa, ou sem permissão de sua razão privada ou sua consciência, ela não pode ser considerada autossuficiente e, em consequência, nem Comunidade, nem livre.[169]

Milton prossegue para explicar que, no caso da comunidade inglesa, o poder de determinar o que é condutivo ao bem-estar reside na "voz conjunta e eficácia de todo um Parlamento, reunido por eleição e dotado da plenipotência de uma Nação livre".[170] Mas se as decisões do parlamento podem "a qualquer momento ser rejeitadas pelo julgamento isolado de um homem", não se pode dizer da nação que ela está vivendo em liberdade.[171] A instituição do veto

---

168 [Osborne], 1811, p.164; cf. Nedham, 1767, p.28-30, 42-5, 97-9.

169 Milton, 1962, p.458.

170 Ibidem, p.410.

171 Ibidem, p.409.

retira a independência do parlamento, tornando-o sujeito à, e dependente da, vontade do rei. "Garanta-lhe isto, e o Parlamento não tem mais liberdade do que se envolto em sua forca, a qual, quando lhe agradar puxar junto com um golpe de sua Negativa, deve estrangular uma Nação inteira."[172]

É importante reconhecer que, em nome da liberdade pública, Milton está se opondo não ao exercício, mas à própria existência do veto real. Viver sob tal constituição é viver sujeito ao perpétuo perigo de que o corpo político possa ser levado a agir por uma vontade outra que não a da nação conforme representada no parlamento. Mas para um corpo, estar sujeito a qualquer vontade outra que não a sua é estar escravizado. A implicação é mostrada com clareza ainda maior pela figura do Nobre Vêneto no *Plato Redivivus* de Neville:

> Ouvi falar muito da voz negativa do rei em parlamentos; que na minha opinião é mais como um poder de frustrar, quando lhe agrada, todos os esforços e labores de seu povo, e evitar qualquer bem que possa advir ao reino por ter o direito de se reunir em parlamento: pois certamente, se nós em Veneza tivéssemos dotado de uma tal prerrogativa nosso duque, ou qualquer de nossos magistrados, não poderíamos nos denominar um povo livre.[173]

Mais uma vez, não é o exercício mas a mera existência de tal prerrogativa que é tida como destrutiva da liberdade pública.

Esses compromissos tornam impossível, para os autores que estou considerando, contornar a questão de se a monarquia pode ser verdadeiramente compatível com a liberdade pública. Ao enfrentarem esta questão, eles respondem de duas maneiras fortemente contrastantes. Alguns aderem rigorosamente à imagem subjacente do corpo político, argumentando que é manifestamente impossível para tal corpo funcionar efetivamente sem uma cabeça.[174]

---

172 Milton, 1962, p.579.

173 Neville, 1969, p.128; cf. p.110.

174 Ver, em particular, Neville, 1969, p.174-5.

52   QUENTIN SKINNER

É essencial, admitem eles, que a cabeça esteja sujeita a quaisquer que sejam as leis aceitas de comum acordo e decretadas pelo corpo como um todo. É essencial – para desembrulhar a metáfora – que a cabeça do Estado deva ser destituída de qualquer poder para reduzir o corpo da comunidade a uma condição de dependência ou de sua vontade pessoal ou dos poderes privilegiados da coroa. Desde que estas salvaguardas sejam impostas, contudo, muitos dos autores que estou considerando preferem ativamente um sistema de governo misto no qual há um elemento monárquico junto com um senado aristocrático e uma assembleia democrática para representar os cidadãos como um todo.[175] Eles, desse modo, não veem nada paradoxal no pensamento de que, como Maquiavel expressou-o nos *Discorsi*, uma comunidade possa ser autogovernante sob o governo de uma república ou de um príncipe.[176] É possível, ao menos em princípio, que um monarca seja o governante de um Estado livre.[177]

Em contraste, os mais francos defensores da república inglesa recorrem ao argumento originalmente apresentado por Lívio no início de sua história: de que nenhuma comunidade vivendo sob um rei pode ser vista como um Estado livre.[178] Encontramos esta

---

175 Este é o modelo constitucional favorecido, por exemplo, mesmo por autores "republicanos" como Sidney e Neville. Ver Sidney, 1990, I.10, p.30-1 e II.16, p.166-70; cf. Neville, 1969, p.173-95. Sidney, 1990, II.19, p.188, insiste que "nada está mais longe de minha intenção do que falar irreverentemente de reis", enquanto Neville, 1969, p.141, saúda a "feliz Restauração" de Carlos II.

176 Maquiavel, 1960, I.2, p.129, fala de comunidades *"governate per loro arbitrio o come republiche o come principato"*. Para uma discussão, ver Colish, 1971; e Skinner, 1983.

177 É este compromisso que, gostaria agora de enfatizar, torna inadequado descrever a teoria da liberdade que estou considerando como uma teoria especificamente republicana. Entretanto, permanecem estreitos vínculos entre republicanismo no sentido estrito e a teoria específica da liberdade que estou considerando, sobre os quais, ver a seguir, nota 178.

178 Em consequência, embora existam autores políticos (por exemplo, John Locke) que adotam a teoria da liberdade que estou discutindo sem serem

LIBERDADE ANTES DO LIBERALISMO 53

concepção desenvolvida com a mais plena convicção – ou talvez simplesmente a menor sutileza – por vários dos autores menores em defesa do Parlamento Não Representativo. John Hall, por exemplo, declara que a monarquia é "verdadeiramente uma Doença de Governo"; para um povo viver sob um rei não é melhor do que "Escravidão perigosa".[179] Francis Osborne concorda que todos os príncipes são "monstros no poder", e "geralmente maus"; mesmo a Rainha Elizabeth fora uma tirana.[180] Com tudo isso, Hall se declara perplexo com o fato de que qualquer pessoa ponderada possa ter apoiado Carlos I. "O que mais me estarreceu foi ver aqueles desta Era Heroica e Culta não apenas não se elevarem aos Pensamentos de Liberdade, mas, ao invés disso, voltarem seus Juízos e Espadas contra si mesmos em apoio àqueles de quem são escravos."[181]

Entre suas objeções específicas à monarquia, estes autores reclamam que os reis gostam de se cercar, como Osborne o afirma, de "clérigos e cortesãos bajuladores", cujo "poder e propriedades" são "inteiramente dependentes da coroa", e que exercem uma influência geralmente servil e corruptora.[182] Mas sua principal objeção, como acrescenta Osborne, é que os reis invariavelmente buscam "nada mais que o aumento de seu próprio poder arbitrário".[183] Qualquer rei sempre se revelará rapinante e pérfido, e "nenhum laço pode ser forte o suficiente para impedi-lo de violar as imunidades mais sagradas de seus súditos".[184]

---

republicanos no sentido estrito de se oporem à instituição da monarquia, permanece a questão de que todos os republicanos declarados no período que discuto adotam a teoria da liberdade que estou descrevendo e a utilizam para reforçar seu repúdio à monarquia.

179 [Hall], 1700, p.3, 15.

180 [Osborne], 1811, p.162, 164, 165.

181 [Hall], 1700, p.3.

182 [Osborne], 1811, p.165, 167.

183 Ibidem, p.165.

184 Ibidem, p.164.

54   QUENTIN SKINNER

Uma forma de republicanismo autogovernante, eles concluem, deve portanto ser o único tipo de constituição sob a qual a liberdade pública pode ser adequadamente preservada. Osborne, desse modo, exorta seus concidadãos "a assumir sua forma natural de homens livres" e não "permanecerem passivos ainda que sob as pesadas pressões de um rei".[185] Hall, de modo semelhante, insiste que será sempre "mais feliz para um Povo dispor de várias Pessoas conjuntamente interessadas e preocupadas com ele". A alternativa impensável é, para ele, ser "contado como o Rebanho e Herança de Um, a cuja Luxúria e Loucura ele está absolutamente submetido".[186] Estes autores não apenas se consideram inequivocamente republicanos; eles não menos inequivocamente declaram que apenas uma república pode ser um Estado livre.[187]

---

185 [Osborne], 1811, p.173.

186 [Hall], 1700, p.3.

187 [Hall], 1700, p.5, 14; [Osborne], 1811, p.168, 169, 170, 175.

2

ESTADOS LIVRES E LIBERDADE INDIVIDUAL

I

A teoria neorromana dos Estados livres tornou-se uma ideologia altamente subversiva nos primórdios da Inglaterra moderna. A estratégia seguida pelos teóricos que estou considerando consistia em apropriar o supremo valor moral da liberdade e aplicá-lo exclusivamente a certas formas um tanto radicais de governo representativo. Isto finalmente permitiu-lhes estigmatizar com o oprobrioso nome de escravidão vários governos – tais como o *Ancien Régime* na França e o mando dos ingleses na América do Norte – que eram amplamente vistos como legítimos e mesmo progressistas. Dificilmente surpreende, portanto, descobrir que, no decorrer do período que estou examinando, a teoria neorromana esteve sujeita a uma contínua barragem de críticas violentamente hostis.

Entre estas críticas, a mais abrangente foi expressa, talvez em sua forma mais influente, no *Leviatã* de Hobbes. É a mais simples confusão, insiste Hobbes, supor que há alguma conexão entre o estabelecimento de Estados livres e a manutenção da liberdade individual. A liberdade descrita pelos autores romanos e seus admiradores modernos "não é a liberdade de homens Particulares"; ela é simplesmente "as Liberdades da Comunidade".[1]

A objeção de Hobbes foi imediatamente assumida por Filmer,[2] sendo repetida desde então.[3] Os autores que venho considerando estavam preocupados, nos é dito, com a liberdade de cidades, não com a liberdade de cidadãos individuais.[4] Mas esta alegação não consegue lidar com a estrutura da teoria neorromana de liberdade. Embora seja verdade que estes autores tomam a ideia de Estados livres como seu ponto de partida, eles o fazem em parte por causa de uma tese radical que desejam desenvolver sobre o conceito de liberdade individual. Sua tese – para colocá-la do modo mais tosco – é que só é possível ser livre num Estado livre.

É verdade que esta não era a principal razão originalmente dada para que se quisesse viver como um cidadão de um Estado livre. Mais precisamente, devemos observar nesta conjuntura uma importante divisão de opinião no interior da tradição de pensamento que venho expondo. Segundo os autores romanos antigos e seus discípulos no Renascimento, o benefício mais importante de se viver numa *civitas libera* é que tais comunidades são especialmente bem adaptadas para a obtenção de glória e grandeza. Entre os autores antigos, Salusto é constantemente invocado como a autoridade indiscutível sobre este tópico.[5] O *Bellum Catilinae* de Salusto inicia-se com uma história em linhas gerais da ascensão de Roma que nos diz que "a autoridade do rei, instituída a princípio para conservar a liberdade e aumentar o Estado, degenerou

---

1 Hobbes, 1996, p.149.

2 Filmer, 1991, p.275.

3 Talvez as duas mais celebradas reafirmações tenham sido a de Benjamin Constant e, em nossa própria época, a de Isaiah Berlin. Ver Constant, 1988, esp. p.309, 316-7; e Berlin, 1958, esp. p.39-47.

4 Ver, por exemplo, Scott, 1993, p.152 nota.

5 Sobre o argumento de Salusto e sua influência, ver Skinner, 1990b.

em arrogância e tirania".[6] Diante da crise, o povo romano substituiu seus reis por um sistema de magistraturas anuais, após o que "é incrível lembrar a rapidez com que a cidade, uma vez tendo atingido o *status* de liberdade, passou a progredir e crescer".[7] A razão, explica Salusto, é que "para os reis, bons cidadãos são objetos de maior suspeita do que os maus, e o *virtus* de outros parece sempre alarmante", enquanto sob sistemas de governo livres todos lutam por glória sem o menor temor de parecerem uma ameaça.[8]

Os sentimentos de Salusto foram ecoados de perto por Maquiavel no início do Livro 2 dos *Discorsi*.[9] "É sobretudo a coisa mais maravilhosa considerar que grandeza Roma alcançou depois de conseguir se libertar de seus reis." "A razão", prossegue Maquiavel, "é fácil de compreender, pois não é a busca do bem individual mas do bem comum que torna grandes as cidades, e está além de qualquer dúvida que o bem comum nunca é considerado a não ser em repúblicas. O contrário acontece onde há um príncipe, pois na maioria das ocasiões o que o beneficia é ofensivo à cidade, e o que beneficia a cidade é ofensivo a ele."[10]

---

6 Salusto, 1931, 6.7, p.12: *"regium imperium, quod initio conservandae libertatis atque augendae rei publicae fuerat, in superbiam dominationemque se convortit".*

7 Salusto, 1931, 7.3, p.12-4: *"Sed civitas incredibile memoratu est adepta libertate quantum brevi creverit."*

8 Salusto, 1931, 7.2, p.12: *"Nam regibus boni quam mali suspectiores sunt semperque eis aliena virtus formidulosa est."*

9 Para Maquiavel, sobre o tema da *grandezza*, ver Skinner, 1981, esp. p.50-7; e Skinner, 1990b, esp. p.138-41.

10 Maquiavel, 1960, II.2, p.280: *"Ma sopra tutto maravigliosissima è a considerare a quanta grandezza venne Roma poiché la si liberò dá suoi Re. La ragione è facile a intendere: perché non il bene particulare ma il bene comune à quello che fa grandi le città. E sanza dubbio questo bene comune non è osservato se non nelle republiche ... Al contrario interviene quando vi è uno principe, dove il piú delle volte quello che fa per lui offenda la città, e quello che fa per la città offende lui."*

58   QUENTIN SKINNER

Os mesmos sentimentos foram ecoados, por sua vez, por vários autores neorromanos na Inglaterra durante a década de 1650. O ideal de Harrington de uma comunidade "capaz de crescimento" alude claramente ao argumento de Salusto,[11] enquanto Nedham, na Introdução a seu *Excellency of a Free State*, nos remete diretamente às duas autoridades principais sobre glória e grandeza republicanas. Primeiro, ele nos lembra de que "é incrível ficar sabendo (por Salusto) quão extraordinariamente a comunidade romana cresceu em pouco tempo, depois de ter conseguido liberdade".[12] Em seguida, parafraseia a passagem crucial em que Maquiavel explicara por que as repúblicas são mais bem adaptadas do que as monarquias para escalar os picos da glória:

> Os romanos chegaram a tais alturas, que estavam além de toda imaginação, depois da expulsão de seus reis e do governo real. Estas coisas não acontecem sem uma razão especial; sendo comum em Estados livres haver mais atenção em todos os seus decretos para com os interesses públicos do que para com os particulares: ao passo que o caso é outro numa monarquia, porque nesta forma o prazer do príncipe faz vergar todas as considerações do bem comum. E é por isto que uma nação, assim que perde sua liberdade, e verga-se sob o jugo de um único tirano, imediatamente perde seu antigo brilho.[13]

Embora Nedham não faça menção aos *Discorsi*, seu empréstimo de Maquiavel nunca fica tão evidente quanto neste momento de seu argumento.

Malgrado estas manifestações de suas fidelidades clássicas, entretanto, também encontramos entre Nedham e seus contemporâneos uma crescente suspeita da ética da glória e da busca de grandeza cívica. A principal autoridade sobre a qual eles se apoiam nesta articulação é, mais uma vez, Salusto em seu *Bellum Catilinae*.

---

11 Harrington, 1992, p.33.

12 Nedham, 1767, p.xxv.

13 Ibidem, p.xxvi.

A despeito de sua admiração pelo "crescimento" de Roma depois da expulsão de seus reis, a moral tirada por Salusto de seu esboço da história da república romana é mais sombria e irônica do que se poderia esperar. Com a grandeza, Salusto lamenta, vieram a ambição e o desejo ardente pelo poder entre os líderes de Roma; com o crescente poder veio a avidez e uma demanda insaciável por ainda mais despojos de vitórias. Quem é apontado como o vilão da história é Lúcio Sula, que montou um exército perigosamente grande, ensinou-o a cobiçar luxos asiáticos e usou-o então para assumir o controle do Estado romano, "trazendo tudo, desse modo, de um excelente início para um mau fim".[14]

Entre os autores neorromanos sob o Interregno na Inglaterra, tornou-se incomodamente fácil identificar Oliver Cromwell com o retrato de Sula por Salusto, especialmente depois da conquista por Cromwell da Escócia e da Irlanda e de seu uso da força para dissolver o Parlamento Não Representativo em 1653.[15] Harrington emite uma clara advertência ao nos lembrar que Sula "derrotou o povo e a comunidade" de Roma e deitou "os alicerces da monarquia sucessiva".[16] Um crescente temor de que a busca da glória no estrangeiro pudesse levar ao colapso da liberdade em casa transformou Harrington e seus associados em críticos veementes do protetorado cromwelliano, e ao mesmo tempo levou-os a pensar diversamente sobre os méritos especiais dos regimes republicanos. Em vez de apregoar a capacidade dos Estados livres de conseguir glória e grandeza, eles começaram a voltar sua ênfase principal para a capacidade de tais regimes em assegurar e promover as liberdades de seus próprios cidadãos.[17]

---

14 Salusto, 1931, 11.4, p.18-20: "L. Sulla ... *bonis initiis malos eventus habuit*".

15 Ver a excelente discussão em Armitage, 1995, p.206-14.

16 Harrington, 1992, p.44.

17 Como Worden, 1991, p.467-8, enfatiza, autores ingleses posteriores na tradição neorromana, como Robert Molesworth e John Trenchard, denunciaram explicitamente a busca de conquista e glória militar.

60   QUENTIN SKINNER

Este foi sempre um tema subsidiário nos textos antigos e renascentistas.[18] "O benefício comum de viver num Estado livre", atestara Maquiavel, "é o de ser capaz de desfrutar suas próprias posses livremente e sem nenhum temor."[19] A isto ele acrescentou, no espírito de Salusto, que a razão por que os países que vivem em liberdade sempre obtêm imensos ganhos é que "todos sabem não apenas que nasceram num estado de liberdade e não como escravos, mas também que podem ascender por meio de sua *virtù* a posições de proeminência".[20] Essa é a afirmação que os autores neorromanos da república inglesa situam no centro de sua concepção de Estados livres. Harrington declara no início de *Oceana* que o valor especial destas comunidades deriva do fato de que suas leis são "modeladas por todo homem privado" para "proteger a liberdade de todo homem privado, a qual deste modo vem a ser a liberdade da comunidade".[21] Nedham fala ainda mais expansivamente em *The Excellency of a Free State*, insistindo em que a razão por que o povo da Inglaterra decidiu a favor da república está em seu reconhecimento de que esta "pode melhor assegurar as autonomias e liberdades do povo".[22] Posteriormente, ele confirma que uma de suas principais razões para acreditar que "um Estado livre é muito mais excelente do que um governo pelos nobres ou reis" é que tais Estados proporcionam melhor "o bem e a tranquilidade do povo,

18 Wirszubski, 1960, p.3, faz esta colocação ainda mais firmemente ao afirmar que, sob a lei de Roma, "a liberdade do cidadão e a liberdade interna do Estado" eram "diferentes aspectos da mesma coisa".

19 Maquiavel, 1960, I.16, p.174: a *"comune utilità"* de viver sob um *vivere libero* é *"di potere godere liberamente le cose sue sanza alcuno sospetto"*.

20 Maquiavel, 1960, II.2, p.284: *"si conosce non solamente che nascono liberi e non schiavi, ma ch'ei possono mediante la virtù loro diventare principi"*.

21 Harrington, 1992, p.20. Sidney posteriormente colocaria o argumento por outro lado: "Aquele que se opõe à liberdade pública, subverte a sua própria". Ver Sidney, 1990, I.5, p.18; cf. II.27, p.263; II.28, p.270.

22 Nedham, 1767, p.v.

LIBERDADE ANTES DO LIBERALISMO   61

num gozo seguro de seus direitos".[23] Milton encerra seu *Readie and Easie Way* com uma ressonante reafirmação do mesmo sentimento. Ao lado de nossa liberdade religiosa, "a outra parte de nossa liberdade consiste dos direitos e progressos civis de toda pessoa", e está além de dúvida que "o desfrute disto nunca [é] mais certo, e o acesso a isto nunca mais aberto, do que numa Comunidade livre".[24]

A principal conclusão com que esses autores estão comprometidos é então a de que só é possível gozar plenamente de liberdade civil vivendo como cidadão de um Estado livre. Como Hobbes nos lembra, contudo, isto está longe de ser uma inferência autoevidente, e parece, diante das circunstâncias, pouco melhor que uma prestidigitação verbal. Portanto, devemos em seguida considerar que evidência os autores neorromanos trazem em apoio de sua conclusão, e como eles se defendem contra a frequentemente repetida acusação de Hobbes.

Para seguir seu argumento, temos de começar voltando à sua analogia entre corpos políticos e naturais. O significado de possuir ou perder sua liberdade, eles supõem, deve ser o mesmo no caso de um cidadão individual como no caso de uma comunidade ou Estado livre. Isto os leva a argumentar que, para indivíduos não menos que para comunidades, sempre há de haver duas vias distintas pelas quais a liberdade pode ser perdida ou solapada. Antes de tudo, você pode por certo ser privado de sua liberdade se o poder do Estado (ou de seus concidadãos) é usado para forçá-lo ou coagi-lo a desempenhar (ou impedi-lo de desempenhar) alguma ação nem prescrita nem proibida por lei. Para tomar o exemplo mais óbvio, se o poder político reside nas mãos de um dirigente tirânico, e se o tirano usa seu poder para ameaçar ou interferir em sua vida, sua liberdade ou suas propriedades, sua liberdade como cidadão será solapada neste grau. É por isto que a recusa de John Hampden em pagar a taxa de embarque em 1635 sempre assoma com tal amplitude nas explicações propostas por esses autores para a irrupção da guerra civil

---

23 Nedham, 1767, p.11.

24 Milton, 1980, p.458.

inglesa.[25] Segundo a interpretação do episódio por Milton no *Eikono-klastes*, a cobrança da taxa em tempo de paz, e sem o consentimento do parlamento, envolvia o rei em confisco da propriedade de seus súditos pela força. Mas isto o envolvia no uso do poder coercivo da lei para privar seus súditos de uma de suas mais fundamentais liberdades civis. E tal procedimento, conclui Milton, foi corretamente visto como o ato escravizador de um governo tirânico.[26]

A principal tese na qual os autores neorromanos insistem, contudo, é a de que nem sempre é necessário sofrer este tipo de coerção aberta para ser privado de sua liberdade civil. Você pode também se tornar não livre se simplesmente cair numa condição de sujeição ou dependência política, deixando-se, portanto, exposto ao perigo de ser privado, por seu governo, mediante força ou coerção, de sua vida, liberdade ou propriedades.[27] Isso quer dizer que, se você vive sob alguma forma de governo que permite o exercício de poderes prerrogativos ou discricionários fora da lei, você pode já estar vivendo como um escravo. Seus governantes podem optar por não exercer esses poderes, ou podem exercê-los apenas com o mais sensível cuidado em relação às suas liberdades individuais. Portanto, você pode na prática continuar a gozar da plena gama de seus direitos civis. O simples fato, porém, de que seus governantes possuem tais poderes arbitrários significa que o gozo continuado de sua liberdade civil permanece o tempo todo dependente da boa vontade deles. Mas isso quer dizer que você permanece sujeito ou passível de ter seus direitos de ação restringidos ou retirados a qualquer momento. E isso, como eles já explicaram, é equivalente a viver em uma condição de servidão.

---

25 Sobre o caso de Hampden, ver Kenyon, 1966, p.104-5, 109-11.

26 Milton, 1962, p.448-9, 574-5.

27 Assumi anteriormente que o que está em questão entre os teóricos neorromanos e seus críticos liberais clássicos não é uma discordância sobre o significado de liberdade, mas apenas sobre as condições que devem ser cumpridas para que a liberdade seja assegurada. Ver Skinner, 1983, 1984, 1986. Mas Philip Pettit convenceu-me de que as duas escolas de pensamento de fato discordam sobre (entre outras coisas) o próprio significado de liberdade.

LIBERDADE ANTES DO LIBERALISMO   63

Essas afirmações inflamadas são apresentadas com a mais plena segurança – ou talvez simplesmente, como antes, com menor sutileza – por vários dos autores menores em defesa da comunidade inglesa. John Hall afirma que, se um governante possui poderes absolutos aos quais todos estão sujeitos, isto já significa que "minha própria Liberdade natural me é tomada".[28] Francis Osborne, de modo semelhante, afirma que, se você mantém sua liberdade e felicidade como um súdito "à vontade de um outro", já está vivendo numa condição de servidão.[29] Marchamont Nedham concorda em que qualquer sistema de poder arbitrário no qual "o direito de todo homem" seja posto "sob a vontade de um outro" pode já ser classificado como "não menos que tirania" e escravização.[30]

Isto não quer dizer que os principais teóricos neorromanos estivessem menos convencidos deste princípio central. Nós o encontramos reafirmado nos termos mais claros possíveis no início dos *Discourses* de Algernon Sidney, onde ele começa por examinar o que chama "as noções comuns de liberdade":

> Quanto à liberdade, consiste somente numa independência em relação à vontade de um outro, e pelo nome de escravo entendemos um homem que não pode dispor de sua pessoa nem de seus bens, mas desfruta tudo isto à vontade de seu senhor; nada existe na natureza como um escravo, se estes homens ou nações não são escravos, estes que não têm outro título ao que desfrutam a não ser a graça do príncipe, que a pode revogar a seu bel-prazer.[31]

Como Sidney deixa claro, é a mera possibilidade de você estar sujeito com impunidade à coerção arbitrária, não o fato de

---

28 [Hall], 1700, p.3, 6.

29 [Osborne], 1811, p.164.

30 Nedham, 1767, p.48-9.

31 Sidney, 1990, I.5, p.17.

64   QUENTIN SKINNER

estar sendo coagido, que retira sua liberdade e o reduz à condição de um escravo.[32] Quando Lord Bolingbroke reviveu estes argumentos em sua *Dissertation upon Parties* como um meio de denunciar o governo de Sir Robert Walpole no início da década de 1730, ele destacou sobretudo a capacidade de executivos prepotentes induzirem os membros de assembleias de representantes a votarem e agirem de maneira tal a solapar seu dever de servir ao bem comum.[33] Em contraste, as ansiedades dos autores do século XVII centralizam-se principalmente sobre o espectro da prerrogativa real e, de modo especial, sobre aquelas partes dos poderes discricionários do rei que pareciam acenar com uma ameaça constante às liberdades dos súditos individuais. É por isso que, nas explicações neorromanas da guerra civil inglesa, a questão geralmente tomada como a gota decisiva era a insistência de Carlos I em que o direito de controlar a milícia residia com ele apenas, e não com o parlamento.[34] A obstinação fatal de Carlos I nesta questão fornece a Milton a ocasião de uma outra de suas grandes passagens em *Eikonoklastes*:

> Quanto ao poder exclusivo da *Militia*... entregue-lhe apenas isto, e praticamente entregue-lhe num bocado todos os nossos Direitos e Liberdades. Pois se o poder da Espada é de alguma maneira separado e independente do poder do Direito, o qual reside originalmente na Corte Suprema, então este poder da Espada logo será senhor do direito, & estando à disposição de um homem, este poderia, quando lhe agradasse, controlar o Direito e, em escárnio de nossa *Magna Carta*, que apenas fraca resistência oporia a um Tirano armado, este poderia de modo absoluto nos escravizar.[35]

---

32 Para o mesmo contraste entre liberdade e servidão pessoais, ver Sidney, 1990, I.10, p.31; I.18, p.57.

33 Bolingbroke, 1997, esp. Carta XIX, p.177-91.

34 A alegação foi devidamente assumida pelos primeiros historiadores *"whig"* da revolução inglesa. Ver, por exemplo, Rapin, 1732-1733, v.II, p.431, col.1, que diz que esta foi "a causa mais imediata da guerra civil que rapidamente seguiu-se".

35 Milton, 1962, p.454.

A invectiva de Milton já enuncia um dos princípios básicos legados pelos autores neorromanos à época da Revolução Americana e além: que a manutenção de um exército permanente sempre se revelará inconsistente com a preservação da liberdade civil.[36]

Costuma seguir-se que, se você deseja manter sua liberdade, deve assegurar-se de que vive sob um sistema político no qual não há elemento de poder discricionário, e, portanto, nenhuma possibilidade de que seus direitos civis possam ser dependentes da boa vontade de um governante, ou grupo governante, ou qualquer outro agente do Estado.[37] Você deve viver, em outras palavras, sob um sistema em que o poder único de fazer leis permanece com o povo ou seus representantes autorizados, e em que todos os membros do corpo político – governantes e cidadãos igualmente – permanecem do mesmo modo sujeitos a quaisquer leis que escolherem impor sobre si mesmos.[38] Se, e apenas se, você vive sob um tal sistema autogovernante, seus dirigentes estarão privados de quaisquer poderes discricionários de coerção, e em consequência privados de qualquer capacidade tirânica de reduzi-lo e aos seus concidadãos à condição de dependência à sua boa vontade e, portanto, ao *status* de escravos.

Este é o sistema que Harrington descreve – traduzindo Lívio – como "o império de leis e não de homens",[39] e este é o sistema que

---

36 Para a alegação posterior de que exércitos permanentes colocam uma ameaça especial à liberdade, ver Skinner, 1974, esp. p.118-20, 123.

37 A questão de quais formas constitucionais seriam necessárias para o Estado moderno preencher estes requisitos é examinada em Pettit, 1997, p.171-205.

38 Isto não quer dizer que a liberdade individual, de acordo com estes autores, pode em algum sentido ser *equacionada* à virtude ou o direito de participação política, e assim que a liberdade *consiste de* participação num Estado autogovernante (como é suposto, por exemplo, em Miller, 1991, p.6; Wootton, 1994, p.17-8; Worden, 1994d, p.174). Os autores que estou discutindo simplesmente argumentam que a participação (ao menos por meio de representação) constitui uma condição necessária de manutenção da liberdade individual. Ver Skinner, 1983, 1984, 1986; e cf. Pettit, 1997, p.27-31.

39 Harrington, 1992, p.8, 20.

66   QUENTIN SKINNER

Milton celebra amplamente em *The Tenure of Kings and Magistrates* ao vindicar a decisão de trazer Carlos I à justiça:

> E por certo que eles devem jactar-se, como nós o fazemos, de ser uma Nação livre, e não terem em si mesmos o poder de remover, ou de abolir qualquer governante supremo, ou subordinado, com o próprio governo sobre questões urgentes, podem agradar sua fantasia com uma liberdade ridícula e de fachada, própria para burlar bebês; mas estão, na verdade, sob tirania e servidão; pois carecendo daquele poder, que é a raiz e fonte de toda liberdade, de dispor e *economizar* na Terra que Deus lhes deu, como Chefes de Família em sua própria casa e livre herança. Sem cujo poder natural e essencial de uma Nação livre, embora mantenham suas cabeças erguidas, não devem ser considerados em melhor situação que escravos e vassalos de nascença, para a posse e ocupação de um outro Senhor herdeiro, cujo governo, embora não ilegal, ou intolerável, paira sobre eles como um flagelo divino, não como um governo livre; e portanto a ser revogado.[40]

Da perspectiva do cidadão individual, as alternativas são rígidas: a menos que viva sob um sistema de autogoverno, você viverá como um escravo.[41]

Com estes argumentos, os autores neorromanos sentiam-se capazes de escrever QED sob sua alegação fundamental no sentido de que só é possível ser livre num Estado livre. Eles já haviam definido Estados livres como aqueles em que as leis são feitas pela vontade do povo como um todo. Mas explicavam agora que só se pode esperar permanecer livre de servidão pessoal vivendo como súdito de um desses Estados. Harrington fornece a moral de maneira admiravelmente sucinta nos preliminares de *Oceana*. Se, e

---

40 Milton, 1991, p.32-3. Corns, 1995, p.26, diz de Milton, em *Tenure*, que ele parece "mais um regicida que um republicano". Não discordo, mas as referências de Milton a Estados livres e servidão pessoal mostram-no bem mais disposto do que os autores "monarcômacos" da década de 1640 (tais como Henry Parker) a modular num registro republicano.

41 Para desenvolvimentos posteriores do mesmo argumento, ver Nedham, 1767, p.32-3; Milton, 1980, p.427-8; Sidney, 1990, III.21, p.439-46.

LIBERDADE ANTES DO LIBERALISMO   67

apenas se, todos permanecem iguais na elaboração das leis, será possível assegurar "a liberdade não apenas da comunidade, mas de todos os homens". Pois se, e apenas se, vivemos sob tais condições, as leis serão "moldadas por todo homem privado sem outro fim (ou eles podem culpar a si mesmos) que não proteger a liberdade de todo homem privado".[42]

II

A incapacidade (ou talvez a recusa) de Hobbes em ver alguma conexão entre liberdade pública e privada teve, sem dúvida, sua influência, mas a maioria dos críticos dos autores neorromanos reconheceu que o desejo de estabelecer tal conexão reside no cerne de seu argumento. Entre esses críticos, contudo, duas objeções ulteriores eram geralmente levantadas contra o que podemos ver agora como a alegação mais básica da ideologia que venho examinando, a de que só é possível escapar à servidão pessoal vivendo como um cidadão ativo sob uma forma representativa de governo.

Vários críticos argumentavam que, mesmo que esta alegação não seja na verdade incoerente, a sugestão de que um direito igual de participar no governo é indispensável à manutenção da liberdade civil é tão utópica que a torna irrelevante para o mundo político em que vivemos. Essa objeção foi amplamente debatida na época das revoluções francesa e americana, com William Paley se destacando com seus *Principles of Moral and Political Philosophy* [*Princípios de Filosofia Moral e Política*], em 1785, como talvez o mais influente porta-voz do que se tornou o argumento liberal clássico.[43] Como

---

42 Harrington, 1992, p.19-20.

43 Segui Pettit, 1997, p.73-8, ao tomar Paley como meu exemplo, na medida em que isto me possibilita contrastar minha resposta às objeções de Paley com a resposta um tanto diferente de Pettit. Para o utilitarismo de Paley, ver Lieberman, 1989, esp. p.5, 210-1; para sua concepção de liberdade civil, ver Miller, 1994, p.397-9.

68 QUENTIN SKINNER

Paley insiste em tom ameaçador, "estas definições de liberdade deveriam ser rejeitadas, pois, por tornarem essencial para a liberdade civil o que é inalcançável na experiência, inflamam expectativas que não podem nunca ser gratificadas, e conturbam a satisfação pública com reclamações".[44] A advertência de Paley assume um significado adicional à luz do fato de que seus *Principles* se tornaram um manual de importância dominante para o ensino de teoria política no decorrer do século XIX.[45]

Não vou tentar rebater a crítica de Paley,[46] exceto por observar que nunca compreendi por que a acusação de utopismo é necessariamente considerada uma objeção a uma teoria de política. Uma aspiração legítima da moral e da teoria política é, certamente, nos mostrar que linhas de ação estamos comprometidos a assumir pelos valores que professamos aceitar.[47] Pode muito bem ser bastante inconveniente sugerir que, se realmente valorizamos a liberdade individual, isto nos compromete a estabelecer igualdade política como um ideal substantivo. Se isso é verdade, porém, o que este discernimento nos oferece não é uma crítica de nossos princípios como excessivamente exigentes na prática; ele nos oferece, pelo contrário, uma crítica de nossa prática como insuficientemente atenciosa a nossos princípios.

Pretendo me concentrar, entretanto, na outra e mais arrasadora objeção habitualmente levantada contra a teoria que estou expondo. De acordo com diversos críticos eminentes, a análise do conceito de liberdade subjacente à afirmação de que só é possível viver livremente em um Estado livre é ela mesma equívoca e confusa. Aqueles que levantaram essa objeção geralmente armam seu

---

44 Paley, 1785, p.447.

45 Sobre sua popularidade como manual universitário, ver LeMahieu, 1976, p.155-6.

46 Para tanto, ver Pettit, 1997, p.77-8.

47 Tomo, por exemplo, que Rawls, 1971, é um tratado utópico neste sentido, e não há nada de mal nisso.

ataque em duas ondas. Primeiro eles reafirmam o princípio hobbesiano de que a extensão de sua liberdade individual depende da extensão na qual o desempenho de ações dentro de seus poderes é ou não é física ou legalmente constrangido. Nas palavras de Pailey, por exemplo, "o grau de liberdade real" comportará sempre "uma proporção inversa ao número e severidade das *restrições*" colocadas sobre sua capacidade de perseguir seus fins escolhidos.[48] Mas os teóricos neorromanos, segundo Paley, não estão falando desta situação. Eles estão falando da extensão na qual o desempenho de tais ações pode ou não estar livre do possível perigo de ser constrangido.[49] Mas isto, prossegue Paley, é confundir a ideia de liberdade com um valor inteiramente diverso, o de gozar de segurança para sua liberdade e o exercício de seus direitos. Assim, os autores neorromanos "não descrevem a liberdade mesma, mas sim as salvaguardas e preservativos da liberdade: por exemplo, um homem sendo governado por nenhuma lei a não ser aquelas às quais ele deu seu consentimento, sendo isto praticável, torna-se, por outro lado, desnecessário para o gozo de sua liberdade civil que isto proporcione uma provável segurança contra a ordenação de leis que imponham restrições arbitrárias e supérfluas sobre sua vontade privada".[50]

A segunda onda do ataque segue-se, então, ao mesmo tempo. Assim que essa confusão é descoberta, podemos ver que a alegação básica feita pelos teóricos neorromanos, na qual você só pode ser livre num Estado livre, é simplesmente um equívoco. A extensão de sua liberdade como cidadão depende da extensão na qual você é deixado livre de constrangimentos pelo aparato coercivo da lei para exercer seus poderes à vontade. Mas isso significa que aquilo que importa para a liberdade cívica não é quem faz as leis, mas simplesmente como as leis são feitas, e desse modo quantas de suas ações

---

48 Paley, 1785, p.443.

49 Ibidem, p.444-5.

50 Ibidem, p.446-7. Joseph Priestley fez a mesma colocação em 1768. Ver Priestley, 1993, p.32-3; e cf. Canovan, 1978; e Miller, 1994, p.376-9.

são de fato constrangidas. Isso, por sua vez, mostra que não há conexão necessária entre a preservação da liberdade individual e a manutenção de alguma forma específica de governo. Como Paley conclui, não há razão, em princípio, por que "uma forma absoluta de governo" não possa deixá-lo "não menos livre do que a mais pura democracia".[51]

A objeção não parece de ordem não natural; mesmo Philip Pettit, o mais forte defensor da teoria neorromana entre os filósofos políticos contemporâneos, sentiu-se inclinado a admiti-la.[52] Parece-me, contudo, que a linha de crítica de Paley não consegue chegar a um acordo com a afirmação mais básica e característica que os teóricos neorromanos se esforçam para fazer sobre o conceito de liberdade civil. A afirmação está implícita na análise que já realizei, mas agora é o momento de explicá-la detalhadamente.

Os autores neorromanos aceitam plenamente que a extensão de sua liberdade como cidadão deveria ser medida pela extensão na qual você é ou não constrangido de agir à vontade na busca de seus fins escolhidos. Ou seja, eles não discordam do princípio liberal de que, como Jeremy Bentham iria mais tarde formular, o conceito de liberdade "é um conceito meramente negativo" no sentido em que sua presença é sempre assinalada pela ausência de algo e, especi-

---

51 Paley, 1785, p.445. Como Paley conclui na mesma passagem, todavia, poderia muito bem haver uma razão na prática, pois temos de supor "que o bem-estar e a comodidade do povo seriam tão estudadamente, e tão providencialmente consultados nos éditos de um príncipe despótico, como pelas resoluções de uma assembleia popular".

52 Pettit, por exemplo, parece admitir que, enquanto um teórico liberal clássico como Paley analisa a não liberdade em termos de interferência, a tradição rival a analisa em termos de segurança em relação à interferência. Ver Pettit, 1997, p.24-7, 51, 69, 113, 273; e cf. Pettit, 1993a e b. (Cf. Pitkin, 1988, p.534-5, sobre a luta pela *libertas* entre a plebe romana como uma luta pela segurança.) Pettit, desse modo, se limita a objetar que o que Paley deixa de reconhecer é que os autores neorromanos procuram apenas um tipo específico de segurança, e o procuram apenas contra um tipo específico de interferência. Ver Pettit, 1997, p.73-4. Mas cf. Pettit, 1997, p.5, onde ele mais diretamente declara que pessoas "sujeitas a governo arbitrário" são "diretamente não livres".

ficamente, pela ausência de alguma medida de restrição ou constrangimento.[53] Tampouco têm eles qualquer desejo de negar que o exercício da força ou sua ameaça coerciva devam ser elencados entre as formas de constrangimento que interferem com a liberdade individual.[54] A despeito do que vários comentadores recentes sugeriram, eles estão longe de simplesmente querer adiantar uma explicação alternativa da não liberdade, de acordo com a qual esta é considerada o produto não de uma coerção, mas apenas de dependência.[55]

O que, então, separa a compreensão da liberdade neorromana da liberal? O que os autores neorromanos repudiam *avant la lettre* é a suposição fundamental do liberalismo clássico de que a força ou

53 Bentham falou pela primeira vez desta "descoberta" numa carta de 1776 a John Lind, citada e discutida em Long, 1977, p.54-5. Ver também Miller, 1994, p.393-7. Que os autores neorromanos são teóricos da liberdade negativa eu já procurei demonstrar. Ver Skinner, 1983, 1984 e 1986. Para argumentos ulteriores no mesmo sentido, ver Spitz, 1995, p.179-220; Patten, 1996; e Pettit, 1997, p.27-31.

54 Pettit atribui aos defensores da liberdade "republicana" a concepção de que, desde que é apenas a dominação arbitrária que limita a liberdade individual, o ato de obedecer a uma lei à qual você deu seu consentimento é "inteiramente coerente com a liberdade" (Pettit, 1997, p.66; cf. p.55, 56n, 104, 271). Os autores que estou discutindo nunca lidam com estes paradoxos. Para eles, a diferença entre o governo da lei e o governo por prerrogativa pessoal não consiste em que o primeiro o deixa em plena posse de sua liberdade enquanto o segundo não; ela reside, pelo contrário, em que o primeiro apenas o coage enquanto o segundo adicionalmente o deixa num estado de dependência. Que era igualmente suposto em Roma antiga que a *libertas* é constrangida pela lei é argumentado em Wirszubski, 1960, p.7-9.

55 Para a ideia de um "ideal alternativo", de acordo com o qual "a liberdade é definida como a antinomia de dominação" em vez de interferência, ver Pettit, 1997, p.66, 110, 273. Mas cf. Pettit, 1997, p.51, 148, onde ele, em vez disso, afirma que a tradição alternativa demanda, em nome da liberdade, algo mais do que a ausência de interferência. A segunda formulação sugere que, de acordo com os teóricos neorromanos, a não liberdade pode ser produzida ou por interferência ou por dependência, o que me parece correto.

72   QUENTIN SKINNER

a sua ameaça coerciva constituam as únicas formas de constrangimento que interferem com a liberdade individual.[56] Os autores neorromanos insistem, por contraste, em que viver numa condição de dependência é em si uma fonte e uma forma de constrangimento. Assim que você reconhece estar vivendo nessa condição, isto pode servir para constrangê-lo de exercer vários de seus direitos civis. É por isso que eles insistem, *pace* Paley, que viver em tal condição é sofrer uma diminuição não meramente da segurança para sua liberdade, mas da sua própria liberdade.[57]

A questão, em suma, é como interpretar a ideia subjacente de constrangimento.[58] Entre os autores que venho considerando, a questão vem à tona mais polemicamente na resposta de Harrington aos comentários satíricos à teoria neorromana feitos por Hobbes no *Leviatã*.[59] Hobbes fala com desprezo da república autogovernante de Lucca e da ilusão alimentada pelos seus cidadãos quanto a seu modo de vida alegadamente livre. Eles escreveram, conta-nos ele, "nos Torreões da cidade de *Lucca* em letras grandes a palavra LIBERTAS".[60] Mas eles não têm razões para acreditar que, como cidadãos comuns, possuem qualquer liberdade a mais que teriam se vivessem sob o sultão em Constantinopla. Pois eles não se dão conta de que o que importa para a liberdade individual não é a fonte

---

56 Espero que isto constitua uma resposta suficiente àqueles críticos que reclamam que deixei de mostrar quaisquer desacordos interessantes entre republicanos e liberais. Para esta crítica, ver Patten, 1996, esp. p.25, 44.

57 Poder-se-ia dizer que as explicações neorromana e liberal clássica da liberdade incluem compreensões rivais de autonomia. Para a segunda, a vontade é autônoma desde que não seja coagida; para a primeira, a vontade só pode ser descrita como autônoma se é independente do perigo de ser coagida.

58 Para uma explicação da extensão na qual o debate sobre liberdade negativa se transforma num debate sobre o que deveria ser considerado como constrangimento, ver MacCallum, 1991, um artigo clássico ao qual muito devo.

59 A passagem foi muito discutida. Ver Pocock, 1985, p.41-2; Schneewind, 1993, p.187-92; Pettit, 1997, p.32-3, 38-9.

60 Hobbes, 1996, p.149.

da lei, mas sua extensão, e portanto que "se uma Comunidade é Monárquica ou Popular, a Liberdade é ainda a mesma".[61]

Harrington retruca categoricamente.[62] Se você é um súdito do sultão, você *será* menos livre do que um cidadão de Lucca, simplesmente porque sua liberdade em Constantinopla, por maior que seja em extensão, permanecerá inteiramente na dependência da boa vontade do sultão. Mas isso significa que em Constantinopla você sofrerá de uma forma de constrangimento desconhecida mesmo do mais humilde cidadão de Lucca. Você se encontrará constrangido no que pode dizer e fazer pela reflexão de que, como Harrington brutalmente observa, mesmo o maior paxá em Constantinopla é meramente um arrendatário de sua cabeça, passível de perdê-la assim que falar ou agir de maneira tal a ofender o sultão.[63] O mero fato, em outras palavras, de que a lei e a vontade do sultão são uma e a mesma tem o efeito de limitar sua liberdade. Quer a comunidade seja monárquica ou popular, a liberdade ainda *não* é a mesma.

Algernon Sidney tira a inferência crucial ainda mais forçosamente ao discutir as leis da natureza em seus *Discourses*. "Como a liberdade consiste apenas em não estar sujeito à vontade de homem algum, e nada denota um escravo a não ser uma dependência da vontade de um outro; se não há outra lei num reino que a vontade de um príncipe, não há algo como a liberdade." Qualquer um que diga que "reis e tiranos estão comprometidos a preservar as terras, liberdades, bens e vidas de seus súditos, e ainda procura um fundamento, que leis não passam de indicações do prazer destes, procura iludir o mundo com palavras que nada significam".[64]

---

61 Hobbes, 1996, p.149.

62 Scott, 1993, p.155-63, parece-me passar por alto o significado desta passagem ao descrever Harrington como um discípulo de Hobbes que sacrifica as bases morais do republicanismo clássico.

63 Harrington, 1992, p.20.

64 Sidney, 1990, III.16, p.402-3; cf. III.21, p.440.

Para ilustrar seu argumento, os autores neorromanos enfocam geralmente o predicamento daqueles a quem eles veem como merecendo preeminentemente o título de cidadãos no mais amplo sentido clássico. Ou seja, seu enfoque é sobre aqueles que se dedicam ao serviço público atuando como assessores e conselheiros junto aos dirigentes e governos da Europa moderna. A liberdade específica que estes cidadãos têm de ser capazes de exercer é, sobretudo, a de falar e agir em conformidade com os ditames da consciência em nome do bem comum. Se este aspecto de sua liberdade civil é de algum modo limitado ou retirado, eles serão impedidos de desempenhar seu mais elevado dever como cidadãos virtuosos, o de promover as políticas que acreditam ser de maior benefício para o Estado.

É por isso que, na interpretação *whig* da história inglesa, um lugar especial foi sempre reservado para Sir Thomas More e a defesa que formulou, como Presidente da Câmara dos Comuns, em 1523, da liberdade de expressão.[65] "Em vossa Alta Corte do Parlamento," ousou ele lembrar a Henrique VIII, "nada é tratado além de questões de peso e importância referentes a vosso Reino e vossas próprias posses reais." Assim sendo, "ela não pode ser silenciada e falhar em dar assistência e conselho de seus judiciosos Comuns, para grande obstáculo dos negócios comuns" se algum membro da Câmara sentir-se inibido de falar e agir "livremente, sem a dúvida de vosso temível desprazer", de tal maneira a "aliviar sua consciência e audaciosamente em todas as coisas incidentes entre nós declarar seu conselho".[66]

O próprio More, contudo, já havia argumentado em sua *Utopia* de 1516 que não há possibilidade de ser capaz de exercer esta liberdade crucial a serviço dos governos modernos. Suas razões são postas na boca de Rafael Hitlodeus, o viajante da ilha de Utopia. Um problema é que, mesmo que você tenha a coragem de falar o que pensa a favor de políticas justas e honradas, poucos governantes

---

65 Sobre o discurso e seu contexto, ver Elton, 1960, p.254-5, 262-3.

66 Roper, 1963, p.9.

vão prestar a menor atenção aos seus conselhos. Eles vão geralmente preferir perseguir seus sonhos de conquista e glória, mesmo que estes conduzam à ruína de seus Estados.[67] Mas a dificuldade principal emerge das condições de dependência servil sob as quais todos os cortesãos e conselheiros são forçados a viver e trabalhar. Eles não podem ter esperanças de falar e agir para o bem comum, desde que se descubram "obrigados a endossar o que quer que seja dito por aqueles que gozam do favor maior do príncipe, não importa quão absurdos seus dizeres possam ser, e descubram-se obrigados, ao mesmo tempo, a desempenhar o papel de parasitas, dedicando-se a agradar esses favoritos por meio de adulação".[68] O resultado de agir sob essas condições humilhantes, conclui Hitlodeus, é que "há apenas a diferença de uma sílaba entre serviço a reis e servidão".[69]

A reação de More foi em ampla medida ecoada nas literaturas contemporâneas a Elizabeth I e Jaime I. As cortes de príncipes são centros de faccionismo e adulação,[70] de mentira e espiões,[71] e são ativamente hostis às aspirações daqueles que desejam servir o bem comum. A crescente popularidade de Tácito no mesmo período reflete a impressão de que, de todos os antigos moralistas, foi ele quem melhor compreendeu as implicações destrutivas da centralização da política nacional em cortes principescas. Ninguém pode esperar falar a verdade ao poder se todos são obrigados a cultivar as artes adulatórias exigidas para satisfazer um governante de cujo favor todos dependem.[72]

---

67 More, 1965, p.56.

68 Ibidem, p.56: "*nisi quod asurdissimis quibusque dictis assentiuntur & supparasitantur eorum, quos ut maxime apud principem gratiae, student assentatione demereri sibi*". Ver também More, 1965, p.84, para um exemplo, e p.102, para um resumo das dúvidas de Hitlodeus.

69 More, 1965, p.54: "*Hoc [sc. 'ut inservias regibus'] est ... una syllaba plusquam servias*".

70 Sobre este tema, ver Adams, 1991; e Worden, 1996, esp. p.217-24.

71 A respeito do espião na literatura sobre a cultura da corte, ver Archer, 1993.

72 Sobre a necessidade de dissimulação na corte, ver Javitch, 1978; sobre Tácito e a política centralizada na corte, ver Smuts, 1994, esp. p.25-40.

O mesmo ataque foi lançado mais uma vez depois que a restauração de Carlos II em 1660 trouxe consigo uma corte de maneiras notavelmente dissolutas e, temia-se, de propensões crescentemente tirânicas. Algernon Sidney fala com desprezo puritano da corrupção típica daqueles que fazem suas carreiras como conselheiros e ministros dos príncipes da época. Esses governantes "se consideram ofendidos e degradados quando não se permite que façam o que lhes agrada", e "quanto mais próximos eles chegam de um poder que não é facilmente restrito pela lei, mais apaixonadamente desejam abolir tudo que se lhes opõe".[73] Quanto mais eles desenvolvem essas tendências despóticas, mais seus conselheiros declinam à condição de escravos. Estes se descobrem "sob seu poder", forçados a "depender de seu prazer", inteiramente devedores deles para mera sobrevivência, sem falar de recompensa ou progresso.[74]

Certamente que é possível prosperar sob um tal regime, embora seja a principal e mais repetida afirmação de Sidney que ninguém, a não ser os piores, vai procurar seguir uma vida de serviço público sob tais circunstâncias. Mas Sidney também enfatiza a vida de extrema precariedade que todos são obrigados a suportar sob tais formas de governo. Ele ilustra seu argumento com a ajuda de um exame taciteano da crescente corrupção do Império Romano, mas sua linguagem ao mesmo tempo lembra notavelmente a discussão de Harrington da vida sob o Turco:

> Enquanto a vontade de um governante era tomada como uma lei, e o poder geralmente passava para as mãos dos que eram mais ousados e violentos, a derradeira segurança que todo homem pudesse ter em relação à sua pessoa ou propriedade dependia do temperamento daquele; e os próprios príncipes, bons ou maus, não tinham mais posse de suas vidas além da que os furiosos e corruptos soldados lhes dessem.[75]

---

73 Sidney, 1990, II.19, p.187, 188.

74 Ibidem, II.25, p.252; II.19, p.188.

75 Ibidem, II.11, p.140.

O resultado de se viver sob um tal regime, como Sidney enfatiza em seu capítulo sobre a diferença entre governo absoluto e popular, é que todos vivem em contínuo temor de incorrer no desprazer do tirano. Torna-se a principal preocupação de todos "evitar os efeitos de sua ira".[76]

A principal conclusão de Sidney é que, se você vive sob tais condições de dependência, isto servirá em si mesmo para limitar o que você pode dizer e fazer como conselheiro ou ministro. Você será constrangido em primeiro lugar de dizer ou fazer qualquer coisa passível de ofender. Ninguém "ousará tentar romper o jugo" imposto sobre eles, "tampouco confiarão uns nos outros em qualquer intento generoso para a recuperação de sua liberdade".[77] Você será também constrangido a agir de algumas maneiras bajulatórias e obsequiosas, obrigado a reconhecer que "a principal arte de um cortesão" é a de "tornar-se subserviente"[78] e "submisso".[79] Sidney aponta a moral em seu capítulo sobre o bem público, novamente recorrendo à explanação de Tácito do que aconteceu em Roma quando todas as preferências eram "dadas àqueles que eram mais propensos à escravidão".[80] O efeito inevitável de um sistema no qual tudo é "calculado para o humor ou a vantagem de um homem", e em que seu favor pode ser "ganho somente por um respeito obsequioso, ou um afeto fingido pela sua pessoa, junto com uma obediência servil ao seu comando" é que "toda dedicação a ações virtuosas cessará" e qualquer capacidade de buscar o bem público estará perdida.[81]

A suposição crucial subjacente à desesperadora análise de Sidney é que nenhum desses efeitos precisa ser o resultado de ameaças coer-

---

76 Sidney, 1990, II.28, p.271.

77 Ibidem, II.19, p.185.

78 Ibidem, II.27, p.266.

79 Ibidem, II.25, p.256.

80 Ibidem, II.28, p.271.

81 Ibidem, II.28, p.274.

78   QUENTIN SKINNER

civas. A falta de liberdade sofrida por aqueles que aconselham o poderoso pode, por certo, ser devida à coerção ou força. Mas o comportamento servil típico de tais conselheiros pode igualmente ser devido à sua condição básica de dependência e a sua compreensão do que sua clientela exige deles. Assim que eles começam a "deslizar para uma dependência cega daquele que tem riqueza e poder", começam a desejar "apenas conhecer sua vontade" e a finalmente "não se importar com que injustiças praticam, desde que possam ser recompensados".[82]

Uma maneira pela qual os teóricos neorromanos descrevem esses adeptos servis do poder absoluto é como pessoas de caráter obnóxio. Como vimos, o termo *obnoxius* foi originalmente usado para referir o predicamento daqueles que vivem à mercê de outras pessoas. Com a emergência das teorias neorromanas de liberdade, entretanto, o termo passou a ser usado, em vez disto, para descrever a conduta servil que se espera daqueles que vivem sob o domínio de príncipes e oligarquias governantes.[83] Já encontramos Bacon falando com desgosto em seus *Essays* [*Ensaios*] de 1625 sobre os eunucos empregados por reis no papel de espiões como servos "obnóxios e intrometidos".[84] George Wither, em seu poema de 1652 dirigido *To the Parliament and People of the Commonwealth of England* [*Ao Parlamento e Povo da Comunidade da Inglaterra*], vilipendia de modo semelhante aqueles cujas fraquezas privadas os tornam obnóxios sob um Estado livre.[85] Ainda mais indignada é a

---

82   Sidney, 1990, III.19, p.435.

83   Mas há um precedente em Lívio para o tratamento da obnoxiedade como uma qualidade de subserviência. Ver Lívio 23.12.9, em Lívio, 1940, p.38.

84   Bacon, 1972, p.131.

85   Wither, 1874, p.5:

> *Although, I peradventure, may appear*
> *On some* occasions, *bitterly severe,*
> *To those, in whom, I* private-failings *see,*
> *Which, to the* Publike *may obnoxious be.*

reação do autor anônimo de uma carta admonitória ao Duque de Monmouth em 1680. Também ele se refere às maquinações bajulatórias de "pequenos políticos", e declara ser "o dever de todo súdito leal" procurar, pela "descoberta das intrigas desses homens", "torná-los repugnantes e obnóxios ao povo".[86]

Estas reações de desgosto ajudam a explicar por que os autores neorromanos defendem com tanta frequência a figura do cavalheiro rural independente como o principal repositório de dignidade e valor moral nas sociedades modernas. Como Harrington declara em *Oceana*, "existe algo primeiro na elaboração de uma comunidade, depois em seu governo" que "parece ser peculiar ao gênio de um cavalheiro".[87] A figura que eles queriam oferecer para nossa admiração é repetidamente descrita. Ele é simples e de inspiração simples;[88] é honrado e cheio de integridade;[89] sobretudo é um homem de verdadeira hombridade, de valor e energia confiáveis.[90] Suas virtudes são repetidamente contrastadas aos vícios característicos dos lacaios e parasitas obnóxios que vicejam na corte. O cortesão, em vez de ser simples e de inspiração simples, é lascivo, dissoluto e devasso;[91] em vez de ser honrado, é bajulador, servil e

---

[Se bem que eu possa parecer por acaso mero,
Em certas *ocasiões*, amargamente severo,
Com aqueles nos quais *fraquezas privadas* posso ver,
Os quais, para o *Público*, podem obnóxios ser.]

86 [F., C.], 1812, p.217.

87 Harrington, 1992, p.36; cf. Neville, 1969, p.185.

88 Nedham, 1767, p.16; Neville, 1969, p.121.

89 Neville, 1969, p.167; Sidney, 1990, II.19, p.186; II.25, p.257.

90 Milton, 1962, p.344, 392; Milton, 1980, p.424; Sidney, 1990, II.25, p.255; II.28, p.272; II.28, p.277. Sobre as fortunas posteriores do ideal, ver Burrow, 1988, esp. p.86-93.

91 Milton, 1962, p.455; Milton, 1980, p.425; Neville, 1969, p.190; Sidney, 1990, II.14, p.161; II.27, p.269.

indigno;[92] em vez de ser bravo, é adulador, abjeto e carente de hombridade.[93]

Essa visão moral é apresentada pelos autores que venho discutindo com absoluta confiança na justiça – e, no caso de Harrington, no triunfo inevitável – de sua causa. Dentro de um período surpreendentemente curto, contudo, as fortunas da teoria neorromana começaram a declinar e cair. Com a ascensão do utilitarismo clássico no século XVIII, e com o uso de princípios utilitaristas para sustentar boa parte do Estado liberal no século seguinte, a teoria dos Estados livres caiu cada vez mais em descrédito, até que, por fim, deslizou quase inteiramente para fora de vista.

Uma razão para este colapso foi que as suposições sociais subjacentes à teoria começaram a parecer antiquadas e mesmo absurdas. Com a extensão das maneiras da corte à burguesia no início do século XVIII, as virtudes do cavalheiro rural independente começaram a parecer irrelevantes e mesmo hostis a uma época polida e comercial. O herói dos autores neorromanos passa a ser visto não como de inspiração simples, mas como tosco e grosseiro; não como honrado, mas como obstinado e rixento; não como um homem de energia, mas de mera insensibilidade. Seus detratores acabaram tendo êxito em transformá-lo na figura ridícula de Squire Western,[94] rústico e impolido, quando devia ser urbano, polido e refinado.

Ainda mais importante para o descrédito da teoria neorromana foi a reiteração constante da afirmação de que sua teoria subjacente de liberdade é simplesmente confusa.[95] Escolhi a via de

---

92 Milton, 1980, p.425-6, 428, 460-1; Sidney, 1990, II.25, p.251, 254-5; II.28, p.272, 274, 277.

93 Harrington, 1992, p.5; Milton, 1980, p.426-7; Sidney, 1990, III.34, p.515.

94 Personagem do romance *Tom Jones* do escritor inglês Henry Fielding (1707--1754). (N. T.)

95 Para o desenvolvimento desta crítica nos escritos de Lind, Bentham e Paley, ver Miller, 1994, esp. p.379-99; e Pettit, 1997, p.41-50.

William Paley de armar a questão, mas seu argumento básico já havia sido enunciado anteriormente por Sir William Blackstone[96] e John Lind,[97] e foi subsequentemente reforçado pela jurisprudência de Jeremy Bentham e John Austin.[98] No fim do século XIX, Henry Sidgwick sentiu-se apto a declarar em seu grande sumário do liberalismo clássico que os erros subjacentes à teoria neorromana da liberdade estão fora de discussão. Falar de liberdade individual, Sidgwick primeiro nos lembra em seus *Elements of Politics* [*Elementos de Política*], é falar de uma ausência de impedimentos externos à ação, ou na forma de "coerção ou confinamento físico", ou de ameaças coercivas que nos inibem pelo "temor de consequências dolorosas".[99] Uma vez isto compreendido, podemos ver que pensar na liberdade dos cidadãos como possível apenas dentro de Estados livres é simplesmente incorrer na "confusão que o uso comum da palavra 'Liberdade' tende a causar". A verdade é que a liberdade individual não tem conexão necessária com formas de governo, na medida em que é perfeitamente possível para uma legislatura representativa "intrometer-se na livre ação de indivíduos mais do que um monarca absoluto".[100] Com esta reiteração da argumentação utilitarista clássica, Sidgwick claramente achava que a teoria neorromana havia finalmente sido sepultada.

---

96 Blackstone, 1765-1769, v.I, p.130, oferece uma definição puramente hobbesiana da liberdade dos súditos, segundo a qual a liberdade é infringida apenas por "aprisionamento ou restrição". Sobre este aspecto dos *Commentaries* de Blackstone, ver Lieberman, 1989, esp. p.36-40.

97 Para o ataque de Lind à reafirmação da teoria neorromana por autores como Price, ver Long, 1977, p.51-7.

98 Sobre Paley e Bentham, ver Long, 1977, esp. p.178-91; sobre Paley e Austin, ver Austin, 1995, p.159-60; para o elogio que Austin faz de Hobbes e Bentham, ver a longa nota em Austin, 1995, p.229-34.

99 Sidgwick, 1897, p.45.

100 Ibidem, p.375.

3

A LIBERDADE E O HISTORIADOR

I

Estive falando sobre a ascensão e queda de uma teoria específica de liberdade civil. Há o perigo óbvio, contudo, de que, ao falar tão breve e programaticamente como venho fazendo, eu possa trair em vez de ilustrar os princípios sobre os quais procuro basear minha prática como historiador. Portanto, talvez eu deva enfatizar que um dos princípios que tentei ilustrar é o de que os historiadores do pensamento fariam bem em se concentrar não meramente, ou mesmo principalmente, num cânone de assim chamados textos clássicos, mas, preferivelmente, no lugar ocupado por esses textos em tradições e quadros mais amplos de pensamento.

Vale a pena lembrar que esta abordagem contrasta com a ortodoxia prevalecente na época em que iniciei meus próprios estudos de pós-graduação no começo da década de 1960. Um cânone de textos principais era amplamente visto na época como o único objeto apropriado de pesquisa na história do pensamento político. A razão, alegava-se, é que esses textos podem por definição ser considerados como indo ao encontro de um conjunto de perenes questões definitivas do próprio pensamento político. Era amplamente assumido que, se o estudo histórico da moral ou da teoria política deve ter algum traço característico, este terá de assumir a

84   QUENTIN SKINNER

forma de extrair dos textos clássicos quaisquer *insights* que eles possam nos oferecer sobre questões gerais de sociedade e política na época presente. Eles estão lá para serem apropriados e postos para trabalhar.[1] Muito tempo antes de eu começar a me preocupar com essas questões, ocorreu a vários estudiosos que a premissa básica desse argumento é questionável. Está longe de ser óbvio, num exame mais detido, que mesmo as obras mais proeminentes na história da moral ou da teoria política tratam das mesmas questões, embora seja por certo possível construir um cânone de maneira tal a minimizar esta dúvida. Ainda me recordo de quão impressionado fiquei ao ler pela primeira vez a *Autobiografia* de R. G. Collingwood, onde ele afirma que a história de todas as ramificações da filosofia carece de um objeto estável, na medida em que as perguntas bem como as respostas mudam continuamente.[2] Mas fiquei ainda mais impressionado quando, durante meu segundo ano como estudante de graduação, Peter Laslett publicou sua edição definitiva dos *Two Treatises of Government* de Locke. Pela Introdução de Laslett fiquei sabendo que, embora não haja talvez mal algum em pensar nos *Dois Tratados* de Locke como uma defesa clássica do contratarianismo, não há esperança de compreender seu texto a menos que se reconheça que seu objetivo primeiro era intervir numa crise específica do monarquismo inglês sob Carlos II, e que foi escrito de uma posição identificável no espectro do debate político no início da década de 1680.[3]

A partir do final da década de 1960, vários outros estudiosos trabalhando numa língua semelhante vieram a fazer da Universidade de Cambridge um centro dominante para uma abordagem de orientação mais histórica ao estudo do pensamento moral e polí-

---

1 Para uma reafirmação impenitente de um eminente praticante – no curso da qual todas essas afirmações reaparecem –, ver Warrender, 1979.

2 Collingwood, 1939, esp. p.16.

3 Laslett, 1988, esp. p.45-66.

tico.[4] Com esta abordagem ganhando popularidade, uma consequência benéfica foi que o alto muro que anteriormente separava a história da teoria política começou a ruir. O muro havia sido erigido em grande parte por uma geração obstinada de historiadores políticos, entre os quais o mais proeminente fora Sir Lewis Namier. Para Namier parecia óbvio que as teorias políticas agem como as mais simples racionalizações *ex post facto* do comportamento político. Se estamos em busca de explicações da ação política, mantinha ele, devemos procurá-las no nível das "emoções subjacentes, a música, para a qual as ideias são um mero *libretto*, frequentemente de qualidade muito inferior".[5] Para críticos de Namier, como Sir Herbert Butterfield, o único recurso possível parecia ser a volta a um famoso dito de Lord Acton no qual as ideias são comumente as causas e não os efeitos de eventos públicos.[6] Mas essa resposta, como era de esperar, incorreu no desprezo de Namier e seus seguidores pela alegada ingenuidade de supor que ações políticas são sempre genuinamente motivadas pelos princípios usados para racionalizá-las.[7]

Entre aqueles que ajudaram os historiadores do pensamento a romper este impasse, uma das vozes mais influentes foi (e é) a de John Pocock, que começou sua carreira na pós-graduação como um discípulo de Sir Herbert Butterfield em Cambridge. Foi Pocock, mais do que todos, que ensinou minha geração a pensar a história da teoria política não como o estudo de supostos textos canônicos, mas sim como uma investigação mais abrangente das linguagens políticas em transformação nas quais as sociedades dialogam com

---

4 Devo destacar especialmente o nome de John Dunn, que publicou uma importante defesa da abordagem histórica em 1968 (ver Dunn, 1980) e aplicou-a em seu estudo clássico de John Locke (ver Dunn, 1969).

5 Namier, 1955, p.4.

6 Butterfield, 1957, p.209; cf. Acton, 1906a, p.3.

7 Ver, por exemplo, Brooke, 1961, esp. p.21-2, 24-5.

86   QUENTIN SKINNER

elas mesmas.[8] Uma vez alcançada esta perspectiva privilegiada, tornou-se possível vincular o estudo de política e teoria política de maneiras novas e mais frutíferas. Uma destas conexões – na qual eu mesmo estive particularmente interessado – deriva da consideração de que o que é possível fazer em política é geralmente limitado pelo que é possível legitimar. O que se pode esperar legitimar, contudo, depende de que cursos de ação podem-se plausivelmente alcançar sob princípios normativos existentes. Mas isto implica que, mesmo que seus princípios professados nunca operem como seus motivos, mas apenas como racionalizações de seu comportamento, eles não obstante vão ajudá-lo a moldar e limitar quais linhas de ação você pode seguir com êxito. Portanto, não podemos deixar de invocar a presença desses princípios se desejamos explicar por que certas políticas são escolhidas em determinadas épocas e são então articuladas e seguidas de maneiras específicas.[9]

Entre historiadores do pensamento como eu mesmo, parecia um desenvolvimento excitante poder relacionar nossos estudos mais intimamente ao que se costumava chamar história "real", e um efeito desses desenvolvimentos foi, creio, fazer a história do pensamento parecer um assunto de interesse mais geral. Segundo a descrição de Sir Geoffrey Elton deste novo estado de coisas, em seu *Return to Essentials* [*Retorno ao Essencial*] de 1991, a história das ideias havia sido "subitamente promovida da copa para a sala de estar".[10] Para muitos estudiosos de moral e teoria política, entretanto, a adoção desta abordagem histórica parecia envolver uma traição. O valor de nossos estudos era tido como o de nos capacitar a revelar o que é de interesse perene numa grande sequência de tex-

---

8 Para a própria visão retrospectiva de Pocock deste desenvolvimento, ver Pocock, 1985, p.1-34; e Pocock, 1987.

9 Para uma tentativa de expor este argumento e maior detalhe, ver Skinner, 1974.

10 Elton, 1991, p.12.

tos clássicos.[11] Quanto mais se argumentava que esses textos deveriam ser vistos como elementos num discurso político mais amplo, cujos conteúdos mudam com a mudança das circunstâncias, mais parecia que nossos estudos estavam sendo roubados de seu traço característico. Entre meus próprios críticos – um grupo inquietantemente numeroso –, alguns chegaram ao ponto de me acusar de incorrer em "antiquarismo acadêmico",[12] de não perceber que tal abordagem pode esperar satisfazer apenas "o mais empoeirado interesse de antiquário".[13]

Pode-se achar que esse tipo de resposta pressupõe uma concepção deprimentemente filisteia da pesquisa histórica. Ouvimos que só vale a pena ter um conhecimento do passado se ele nos ajuda a resolver os problemas imediatos do presente. Poder-se-ia sentir inclinado a retorquir que o *Leviatã* de Hobbes é um artefato da cultura do século XVII tanto quanto as óperas de Purcell ou o *Paradise Lost* [*Paraíso Perdido*]. Mas ninguém supõe que estas obras de arte sejam menos valiosas por serem incapazes de nos dizer como conduzir nossas vidas em face do novo milênio.

Talvez esta resposta essencialmente estética seja a correta, e talvez a verdadeira sensibilidade do historiador, o redentor do tempo perdido. Mas confesso que nunca me senti à vontade com isso. Deveríamos, creio eu, estar dispostos a nos perguntar bem agressivamente o que se supõe ser o uso prático, aqui e agora, de nossos estudos históricos. Nunca me pareceu adequado replicar que eles satisfazem uma curiosidade natural, e me parece perigosamente autoindulgente sugerir, como Lord Acton o fez uma vez, que "nossos estudos deveriam ser completamente desprovidos de propósitos", especialmente numa cultura como a nossa, que veio a se tornar tão comprometida com uma concepção materialista de

---

11 Ver Warrender, 1979, esp. p.939, para uma enfática afirmação deste ponto.

12 Gunnell, 1982, p.327.

13 Tarlton, 1973, p.314.

"relevância".[14] A acusação de antiquarismo é, em suma, uma acusação que me incomoda profundamente e à qual todos os historiadores profissionais deveriam, acho, estar dispostos a responder, ao menos para a satisfação de suas próprias consciências. Devemos esperar ser questionados, e não devemos falhar em questionar a nós mesmos, sobre o que se supõe ser a finalidade disso tudo.

Isso não quer dizer que planejo agora me lançar numa investigação de como os historiadores deveriam estar usando seu tempo. Há tantos tipos de história quantas razões sérias para estar interessado no passado, e tantas diferentes técnicas de pesquisa histórica quantos métodos racionais de seguir esses interesses. Tampouco vejo qualquer justificativa para invocar imagens de centro e periferia e privilegiar certos tipos de estudo histórico em relação a outros. Portanto, não posso ver que haja algo de interesse geral a ser dito sobre o que os historiadores deveriam estar fazendo,[15] exceto talvez que eles deveriam estar tentando escrever sobre o passado com tanta seriedade quanto seus talentos permitem. Assim sendo, posso apenas esperar dizer algo sobre a finalidade disso tudo no caso do tipo de história do pensamento que eu mesmo procuro escrever. Mas deixem-me encerrar tentando dizer alguma coisa sobre isso.

II

Comecei este ensaio falando sobre a aquisição da ideia do Estado como o nome de uma pessoa artificial cujos representantes estão autorizados a portar os direitos de soberania em seu nome. Desde o século XVII, este conceito permaneceu no cerne da auto-

---

14 Acton, 1906b, p.57. Patrick Collinson (1967) cita o dito como uma das epígrafes a *The Elizabethan Puritan Movement* [*O Movimento Puritano Elizabetano*], mas por certo com mais do que uma sugestão de ironia.

15 Desenvolvi esta colocação em Skinner, 1997.

compreensão e prática política do Ocidente moderno. Mas que me seja permitido agora perguntar: o que significa falar de representação do Estado e autorização de seus representantes? O que significa falar do Estado como um agente?

Parece-me que a maioria de nós não sabe que herdamos uma teoria a qual continuamos a aplicar, mas que não compreendemos realmente.[16] Se é assim, entretanto, então uma das maneiras – talvez a única – de melhorar nossa compreensão será voltar à conjuntura histórica em que este modo de pensar sobre política foi pela primeira vez articulado e desenvolvido. Temos então de ser capazes de ver como os conceitos que ainda invocamos foram inicialmente definidos, a que propósitos eles deveriam servir, que concepção de poder público foram usados para sustentá-los. Isto por sua vez poderá nos capacitar a adquirir uma compreensão autoconsciente de um conjunto de conceitos que empregamos atualmente de modo não autoconsciente e, até certo ponto, mesmo incompreensivelmente. É defensável, em suma, que temos de nos tornar historiadores do pensamento para compreendermos não simplesmente isto, mas muitos aspectos comparáveis de nosso atual mundo moral e político.

Este certamente não é um pensamento novo. É o pensamento que anima o último e mais fascinante grupo de ensaios de F. W. Maitland, em que ele examinava a teoria das corporações,[17] e em particular aquelas "corporações básicas" que fundamentam a constituição britânica, incluindo a coroa e o próprio Estado.[18] Fico feliz

---

16 Não quero dizer que ninguém a compreende. Há discussões excepcionalmente esclarecedoras em Copp, 1980, e Runciman, 1997, esp. p.6-33, 223-61.

17 Maitland publicou três importantes ensaios sobre este tema geral entre 1900 e 1903. Ver Maitland, 1911, v.III, p.210-43, 244-70, 304-20. Sobre os compromissos políticos implícitos nesses estudos, ver Burrow, 1988, esp. p.135-45.

18 Para Maitland, sobre a coroa e o Estado como "corporações básicas", ver, respectivamente, Garnett, 1996, esp. p.171-2, 212-4; e Runciman, 1997, esp. p.96-107, 118-23.

em poder me referir à grandeza de Maitland como historiador do pensamento político. Mas confesso que, no que me diz respeito, estou menos interessado nessas continuidades do que nas descontinuidades a serem encontradas no interior de nossa herança intelectual. As continuidades, no final das contas, são tão onipresentes que tornaram fácil demais conceber o passado como um espelho, e valorizar seu estudo como um meio de refletir de volta a nós mesmos nossas próprias suposições e preconceitos. No entanto, as descontinuidades são, com frequência, não menos surpreendentes: valores petrificados, num momento, dissolvem-se no ar, no momento seguinte. Tampouco temos de considerar Ozymandias para apreciar a força desta verdade. Basta olhar, por exemplo, os nomes dos grandes compositores esculpidos com tanta confiança na fachada da Ópera Garnier em Paris: Bach, Mozart, Beethoven... Spontini. Do mesmo modo que com nossos heróis culturais, passam-se as coisas com muitos de nossos valores e práticas: também eles são passíveis de ficar sepultados nas areias do tempo, e terem de ser escavados e reconsiderados.

O pensamento que procuro demonstrar é que, se examinamos e refletimos sobre o registro histórico, podemos esperar nos afastarmos, e talvez mesmo reavaliarmos, algumas de nossas suposições e crenças correntes. A sugestão que quero terminar explorando é a de que um dos valores atuais do passado é como um repositório de valores que não mais endossamos, de questões que não mais propomos. Um papel correspondente para o historiador do pensamento é o de agir como um tipo de arqueólogo, trazendo de volta para a superfície tesouros intelectuais enterrados, limpando sua poeira e possibilitando-nos reconsiderar o que pensamos deles.[19]

---

19 Minhas referências à arqueologia invocam uma compreensão mais lugar-comum do termo do que a empregada por Michel Foucault, mas eu não obstante pretendo uma alusão à sua análise "arqueológica" de "níveis de coisas ditas", uma análise pela qual fui bastante influenciado. Ver Foucault, 1972, esp. p.135-40.

Busquei nos primeiros capítulos deste ensaio realizar um desses atos de escavação, procurando descobrir a estrutura, e ao mesmo tempo vindicar a coerência, do que venho chamando de teoria neorromana dos cidadãos livres e Estados livres. A teoria é, acredito, interessante em si. Mas para mim ela adquire um interesse adicional à luz de seu eclipse subsequente pela análise liberal da liberdade negativa em termos da ausência de impedimentos coercivos. Com a ascensão da teoria liberal a uma posição de hegemonia na filosofia política contemporânea, a teoria neorromana ficou tão perdida de vista que a análise liberal veio a ser amplamente considerada como a única maneira coerente de pensar sobre o conceito envolvido.

Ilustrando essa afirmação, considere-se a mais importante discussão isolada destas questões publicada em nossa época, os *Two Concepts of Liberty* [*Dois Conceitos de Liberdade*] de Sir Isaiah Berlin. Berlin apresenta-se como alguém empenhado num exercício puramente filosófico, o de elucidar "a essência da noção de liberdade", ao mesmo tempo em que nos torna possível evitar "uma confusão de termos".[20] Um dos principais enganos a serem evitados, explica ele, é o que consiste em confundir liberdade com conceitos aparentados, tais como igualdade ou independência, uma vez que desordens não filosóficas deste tipo obviamente "não servem à verdade".[21]

O que é então a verdade? Dos dois conceitos que examina minuciosamente, Berlin afirma que o "ideal mais verdadeiro e mais humano" é o que especifica que a liberdade é desfrutada na medida em que não sou "impedido por outras pessoas de fazer o que quero".[22] Segue-se que a liberdade deve basicamente ser contrastada

---

20 Berlin, 1958, p.43, 10n.

21 Ibidem, p.39, 42, 43.

22 Berlin 1958, p.56, 7. Berlin de fato equipara (ou confunde) a ideia "negativa" de liberdade com a compreensão liberal clássica do conceito, e então contrasta esta compreensão com o que ele chama de conceito "positivo" de liberdade

à coerção, que "implica a interferência deliberada de outros seres humanos dentro da área na qual desejo agir".[23] E segue-se disto que diversas confusões sobre liberdade podem ser prontamente esclarecidas para o bem de todos. Uma dessas confusões é perpetrada por aqueles que exigem liberação do *status* de dependência política ou social. Eles estão exigindo algo equivocadamente chamado liberdade social, na medida em que estão pedindo outra coisa que não um fim à interferência coerciva.[24] Uma confusão ulterior deriva da crença em que a liberdade individual pode ser desfrutada apenas em Estados autogovernantes. Uma vez precebido que a liberdade é mais bem compreendida como ausência de interferência, podemos ver que a preservação deste valor depende não de quem exerce autoridade, mas simplesmente de quanta autoridade é posta nas mãos de alguém.[25] Isto mostra que a liberdade negativa "não é incompatível com alguns tipos de autocracia, ou de todo modo com a ausência de autogoverno".[26] É um engano supor que existe alguma "conexão necessária entre liberdade individual e governo democrático".[27]

---

como autorrealização. Eu concordo em que a concepção "positiva" deve importar em um conceito separado. Em vez de vincular liberdade a oportunidades para ação – como na análise neorromana bem como na liberal – a concepção "positiva" vincula liberdade ao desempenho de ações de um determinado tipo. Ver, sobre este argumento, a esclarecedora discussão em Baldwin, 1984; ver também Skinner, 1986, esp. p.232-5. Se a compreensão de liberdade como (nos termos de Charles Taylor) um conceito de um "exercício" e não meramente de uma "oportunidade" pode ser vindicada é uma questão separada, com a qual não estou preocupado. O próprio Taylor trata a questão de modo muito interessante, em Taylor, 1979.

23 Berlin, 1958, p.7; cf. p.12, onde "não interferência" é descrita como "o oposto de coerção".

24 Ibidem, p.41,43.

25 Ibidem, p.48; cf. também p.14.

26 Ibidem, p.14.

27 Ibidem, p.14, 56.

Diante de tais afirmações, o ato de escavação que empreendi na primeira parte deste ensaio parece assumir um significado adicional. A crítica de Berlin depende da premissa de que a liberdade negativa é prejudicada apenas por interferência coerciva. Disto certamente segue-se que a dependência e a falta de autogoverno não podem ser interpretadas como falta de liberdade. Mas isto se segue apenas porque a conclusão já estava inserida na premissa. O que tentei mostrar, porém, é que a própria premissa tem de ser reconsiderada. A suposição de que a liberdade individual é basicamente uma questão de não interferência é precisamente o que a teoria neorromana põe em dúvida.

Eis aqui então uma moral implícita na história que contei: é notavelmente difícil evitar cair sob o feitiço de nossa própria herança intelectual. Quando analisamos e refletimos sobre nossos conceitos normativos, é fácil nos deixarmos enfeitiçar pela crença de que as maneiras de pensar sobre eles que nos foram transmitidas pela corrente principal de nossas tradições intelectuais devem ser *as* maneiras de pensar sobre eles. Parece-me que um elemento desse feitiço penetrou até mesmo na justamente celebrada explicação de Berlin. Ele se considera perseguindo a tarefa puramente neutra de mostrar o que uma análise filosófica de nossos conceitos exige que digamos sobre a essência da liberdade. Mas é surpreendente, para dizer o mínimo, que sua análise siga exatamente o mesmo caminho que os teóricos liberais clássicos seguiram antes em seus esforços para desacreditar a teoria neorromana dos Estados livres.

Isso, por sua vez, sugere uma segunda e talvez mais imponente moral para adornar meu conto. A história da filosofia, e talvez especialmente da filosofia moral, social e política, está aí para nos impedir de sermos muito facilmente enfeitiçados. O historiador do penamento pode nos ajudar a apreciar até onde os valores incorporados em nosso atual modo de vida, e nossas atuais maneiras de pensar sobre esses valores, refletem uma série de escolhas feitas em épocas diferentes entre diferentes mundos possíveis. Essa consciência pode ajudar a libertar-nos do domínio de qualquer uma das explicações hegemônicas desses valores e de como eles devem ser interpretados e compreendidos. Munidos de uma possibilidade mais ampla, podemos nos distanciar dos compromissos intelec-

94   QUENTIN SKINNER

tuais herdados e exigir um novo princípio de investigação sobre esses valores.

Isto não é sugerir que deveríamos usar o passado como um repositório de valores alheios a serem enxertados num presente sem suspeitas.[28] Se o estudo da história do pensamento deve ter o tipo de uso que estou reivindicando para ele, deve haver algum nível mais profundo no qual nossos valores atuais e as suposições aparentemente estranhas de nossos antepassados devem até certo ponto combinar.[29] Tampouco estou sugerindo que os historiadores do pensamento deveriam se transformar em moralistas. Minha própria admiração é reservada àqueles historiadores que conscientemente se mantêm distanciados tanto do entusiasmo como da indignação ao examinarem os crimes, as loucuras e os infortúnios da humanidade. Pelo contrário, estou sugerindo que os historiadores do pensamento podem esperar fornecer aos seus leitores informação relevante para a elaboração de critérios sobre seus valores e crenças atuais, deixando-os então ruminar. Aqui eu tenho em mente a passagem da *Genealogia da Moral* de Nietzsche em que ele nos adverte que, para compreender sua filosofia, "é preciso ser quase uma vaca".[30] Como uma vaca, é preciso ser capaz de ruminar.

---

28 Cf. Constant, 1988, esp. p.321-3, que supõe que a ambição daqueles que exaltam o que ele chama de liberdade dos antigos deve ser reconstruir toda a estrutura constitucional das antigas cidades-Estado, incluindo instituições tão obviamente alheias e tirânicas como o ostracismo e a censura.

29 Recorro aqui à teoria de Donald Davidson da interpretação radical. Ver Davidson, 1984, esp. p.125-39 e 183-98; e cf. Skinner, 1988, esp. p.236-46. Existe, sem dúvida, um nível mais profundo de continuidade subjacente à polêmica que examinei sobre a compreensão da liberdade individual. A polêmica gira, com efeito, em torno da questão de se a dependência deveria ser reconhecida como uma espécie de constrangimento; mas ambos os lados assumem que o conceito de liberdade deve basicamente ser explicado como ausência de constrangimento em alguma interpretação deste termo. A finalidade de considerar este exemplo não foi pleitear a adoção de um valor alheio de um mundo que perdemos; foi revelar uma leitura perdida de um valor comum a nós e àquele mundo desaparecido.

30 Nietzsche, 1994, p.10.

Minha sugestão é, portanto, que os historiadores do pensamento podem produzir algo que vá bem além do interesse antiquário se eles simplesmente exercerem sua ocupação. É suficiente para eles descobrir as riquezas frequentemente negligenciadas de nossa herança intelectual e expô-las novamente à vista. Fui capaz apenas, dentro dos limites deste ensaio, de trazer um desses objetos à superfície. Mas acredito que se trate de um objeto de valor, na medida em que ele nos revela um conflito no interior de nossas tradições herdadas de pensamento sobre o caráter do Estado liberal. Ambas as facções em polêmica concordam em que uma das metas primeiras do Estado deveria ser respeitar e preservar a liberdade de seus cidadãos individuais. Um lado argumenta que o Estado pode esperar cumprir esta promessa simplesmente assegurando que seus cidadãos não sofram nenhuma interferência injusta ou desnecessária na busca dos objetivos que escolheu. Mas o outro lado afirma que isso nunca será suficiente, pois será sempre necessário que o Estado assegure, ao mesmo tempo, que seus cidadãos não caiam numa condição de dependência evitável da boa vontade de outros. O Estado tem o dever não só de liberar seus cidadãos dessa exploração e dependência pessoais, como de impedir que seus próprios agentes, investidos de uma pequena e breve autoridade, ajam arbitrariamente no decorrer da imposição das regras que governam nossa vida comum.

Como mostrei, nós, no Ocidente moderno, adotamos o primeiro destes pontos de vista ao mesmo tempo em que, em ampla medida, deixamos o segundo de lado. Havia obviamente condições suficientes para este resultado, mas procurei mostrar que não obstante ele pode ser visto à luz de uma escolha. Fizemos a escolha correta? Isto eu deixo para vocês ruminarem.

BIBLIOGRAFIA

Fontes primárias

AUSTIN, J. *The Province of Jurisprudence Determined*. Wilfrid E. Rumble (Ed.). Cambridge: Cambridge University Press, 1995.

BACON, F. *Essays*. Michael J. Hawkins (Ed.). London, 1972.

BLACKSTONE, W. *Commentaries on the Laws of England*. Oxford, 1765-1769. 4v.

BOLINGBROKE, H. St. John, (Visconde). *Political Writings*. David Armitage (Ed.). Cambridge: Cambridge University Press, 1997.

[BRAMHALL, John]. *The Serpent Salve,* n. p., 1643.

CONSTANT, B. *The Liberty of the Ancients Compared with that of the Moderns in Political Writings*. Biancamaria Fontana (Ed.). Cambridge: Cambridge University Press, 1988. p.309-28.

DIGEST of Justinian, The. Theodor Mommsen e Paul Krueger (Ed.). Trad. Alan Watson. Pennsylvania, 1985. 4v.

[DIGGES, Dudley]. *The Unlawfulnesse of Subjects taking up Armes against their Soveraigne, in what case soever*. London, 1643.

ENGLANDS Absolute Monarchy. London, 1642.

[F., C.]. *A Letter to his Grace the Duke of Monmouth* em *A Collection of Scarce and Valuable Tracts*. v.III. Walter Scott (Ed.). 2.ed. London, 1812. p.216-9.

FILMER, Sir R. *Patriarcha and Other Writings*. Johann P. Sommerville (Ed.). Cambridge: Cambridge University Press, 1991.

GARDINER, S. R. *The Constitutional Documents of the Puritan Revolution 1625-1660*. 3.ed. Oxford, 1906.

H[ALL], J[ohn]. *The Grounds & Reasons of Monarchy Considered in The Oceana of James Harrington, and his Other Works*. John Toland (Ed.). London, 1700. p.1-32.

HARRINGTON, J. *The Commonwealth of Oceana e A System of Politics*. J. G. A. Pocock (Ed.). Cambridge: Cambridge University Press, 1992.

HAYWARD, J. *An Answer to the First Part of a Certaine Conference, Concerning Succession*. London, 1603.

HOBBES, T. *Behemoth or the Long Parliament*. Ferdinand Tönnies (Ed.). Introd. M. M. Goldsmith. 2.ed. London, 1969.

_____. *De Cive: The Latin Version*. Howard Warrender (Ed.). Oxford: Clarendon Edition, 1983. v.II.

_____. *Leviathan, or the Matter, Forme, & Power of a Common-wealth Ecclesiasticall and Civill*. Richard Tuck (Ed.). Edição para estudantes revisada. Cambridge: Cambridge University Press, 1996.

[HUNTON, Philip]. *A Treatise of Monarchy*. London, 1643.

LÍVIO. *The Romane Historie Written by T. Livius of Padua*. Philemon Holland (Trad.). London, 1600.

_____. *Livy, Books I and II*. B. O. Foster (Trad., Ed.). London, 1919.

_____. *Livy, Books III and IV*. B. O. Foster (Trad., Ed.). London, 1922.

_____. *Livy, Books V-VII*. B. O. Foster (Trad., Ed.). London, 1924.

_____. *Livy, Books VIII-X*. B. O. Foster (Trad., Ed.). London, 1926.

_____. *Livy, Books XXXV-XXXVII*. Evan T. Sage (Trad., Ed.). London, 1935.

_____. *Livy, Books XL-XLII*. Evan T. Sage e Alfred C. Schlesinger (Trad., Ed.). London, 1938.

_____. *Livy, Books XXIII-XXV*. Frank Gardner Moore (Trad., Ed.). London, 1940.

LOCKE, J. *Two Treatises of Government*. Peter Laslett (Ed.). Edição para estudantes. Cambridge: Cambridge University Press, 1988.

MACAULAY, T. Babington, (Lord). *The History of England from the Accession of James the Second*. London, 1863. 4v.

MACHIAVELLI, N. *Il principe e Discorsi sopra la prima deca di Tito Livio*. Sergio Bertelli (Ed.). Milano, 1960.

MAITLAND, F. W. *The Collected Papers*. H. A. L. Fisher (Ed.). Cambridge: Cambridge University Press, 1911. 3v.

[MAXWELL, John]. *Sancro-sancta Regum Majestatis: Or; The Sacred and Royall Prerogative of Christian Kings*. Oxford, 1644.

MILL, J. S. *The Subjection of Women* em *On Liberty, with The Subjection of Women and Chapters on Socialism*. Stefan Collini (Ed.). Cambridge: Cambridge University Press, 1989. p.117-217.

MILTON, J. *Eikonoklastes* em *Complete Prose Works of John Milton*. Merrit Y. Hughes (Ed.). New Haven, Conn., 1962. v.III, p.336-601.

_____. *The Readie and Easie Way to Establish a Free Commonwealth* em *Complete Prose Works of John Milton*. Robert W. Ayers (Ed.). Edição revista. New Haven, Conn., 1980. v.VII, p.407-63.

_____. *The Tenure of Kings and Magistrates* em *Political Writings*. Martin Dzelzainis (Ed.). Cambridge: Cambridge University Press, 1991. p.1-48.

MORE, T. *Utopia* em *The Complete Works of St. Thomas More*, v.IV. Edward Surtz, S. J. e J. H. Hexter (Ed.). New Haven, Conn, 1965.

NEDHAM, M. *The Excellency of a Free State*. Richard Baron (Ed.) London, 1767.

NEVILLE, H. *Plato Redivivus: or, a Dialogue Concerning Government* em *Two English Republican Tracts*. Caroline Robbins (Ed.). Cambridge: Cambridge University Press, 1969. p.62-200.

NIETZSCHE, F. *On the Genealogy of Morality*. Keith Ansell-Pearson (Ed.). Trad. Carol Diethe. Cambridge: Cambridge University Press, 1994.

[OSBORNE, Francis]. *A perswasive to A Mutuall Compliance under the Present Government. Together with A Plea for A Free State Compared with Monarchy* em *A Collection of Scarce and Valuable Tracts,* v.VI. Walter Scott (Ed.). 2.ed. London, 1811. p.153-77.

PALEY, W. *The Principles of Moral and Political Philosophy*. London, 1785.

[PARKER, Henry] (1934). *Observations upon some of his Majesties late Answers and Expresses* em *Tracts on Liberty in the Puritan Revolution 1638--1647*. William Haller (Ed.). New York, 1934.

PLAUTUS *Mostellaria,* em *Plautus*, v.III. Paul Nixon (Trad., Ed.). London, 1924.

PRICE, R. *Two Tracts on Civil Liberty* em *Political Writings*. D. O. Thomas (Ed.). Cambridge: Cambridge University Press, 1991. p.14-100.

PRIESTLEY, J. *An Essay on the First Principles of Government, and on the Nature of Political, Civil, and Religious Liberty* em *Political Writings*. Peter N. Miller (Ed.). Cambridge: Cambridge University Press, 1993. p.1-127.

PUFENDORF, S. *De Iure Naturae et Gentium Libri Octo*. Londini Scanorum, 1672.

PUFENDORF, S. *Of the Law of Nature and Nations*. Oxford, 1703.

RAPIN DE THORYAS, P. de. *The History of England*. Trad. N. Tindall. 2.ed. London, 1732-1733.

ROPER, W. The Life of Sir Thomas More, Knight. Em E. E. Reynolds (Ed.) *Lives of Saint Thomas More*. London, 1963. p.1-50.

SALLUST. *Bellum Catilinae* em *Sallust*. J. C. Rolfe (Trad., Ed.). London, 1931. p.1-128.

SENECA. *Moral Essays*. John W. Basore (Trad., Ed.). London, 1928-1935. 3v.

SIDGWICK, H. *The Elements of Politics*. 2.ed. London, 1897.

SIDNEY, A. *Discourses concerning Government*. Thomas G. West (Ed.). Indianapolis, 1990.

TACITUS. *The Annals*. John Jackson (Trad., Ed.) em *Tacitus*, 5v. London, 1914-1937.

WILLIAMS, G[riffith]. *Vindiciae Regum; or The Grand Rebellion*. Oxford, 1643.

WITHER, G. *To the Parliament, and People of the Commonwealth of England*, preliminar escrita para *The Dark Lantern* em *Miscellaneous Works of George Wither*, terceira coleção. London, 1874. p.5-8.

Fontes secundárias

ACTON, J. E. Dalberg, (Lord). "Inaugural Lecture on the Study of History" em *Lectures on Modern History*. J. N. Figgis e R. V. Laurence (Ed.). London, 1906a.

_____. Letter XXVI em *Lord Acton and his Circle*. F. A .Gasquet (Ed.). London, 1906b. p.54-7.

ADAMO, P. Linterpretazione revisionista della rivoluzione inglese. *Studi storici*, 34, p.849-94, 1993.

ADAMS, S. Favourites and Factions at the Elizabethan Court. Em Ronald G. Asch e Adolf M. Birke (Ed.). *Princes, Patronage and the Nobility: The Court at the Beginning of the Modern Age c. 1450-1650*. Oxford, 1991. p.265-87.

ARCHER, J. M. *Sovereinty and Intelligence: Spying and Court Culture in the English Renaissance*. Stanford, Cal., 1993.

ARMITAGE, D. John Milton: Poet against Empire. Em David Armitage, Armand Himy e Quentin Skinner (Ed.). *Milton and Republicanism*. Cambridge: Cambridge University Press, 1995. p.206-25.

LIBERDADE ANTES DO LIBERALISMO   101

BAILYN, B. *The Ideological Origins of the American Revolution*. Cambridge, Mass., 1965.

BALDWIN, T. MacCallum and the Two Concepts of Freedon. *Ratio*, 26, p.125-42, 1984.

BARON, H. *The Crisis of the Early Italian Renaissance*. 2.ed. Princeton, N. J., 1966.

BARTON, A. *Ben Jonson, Dramatist*. Cambridge: Cambridge University Press, 1984.

BERLIN, I. *Two Concepts of Liberty: An Inaugural Lecture delivered before the University of Oxford on 31 October 1958*. Oxford, 1958.

BRETT, A. S. *Liberty, Right and Nature: Individual Rights in Later Scholastic Thought*. Cambridge, 1997.

BROOKE, J. Party in the Eighteenth Century. Em Alex Natan (Ed.). *Silver Renaissance: Essays in Eighteenth-Century English History*. London, 1961. p.20-37.

BRUNT, P. A. *Libertas* in the Republic. Em *The Fall of the Roman Republic and Related Essays*. Oxford, 1988. p.281-350.

BURROW, J. W. *Whigs and Liberals: Continuity and Change in English Political Thought*. Oxford, 1988.

BUTTERFIELD, H. *George III and the Historians*. London, 1957.

CANOVAN, M. Two Concepts of Liberty – Eighteenth Century Style. *The Price-Priestley Newsletter*, 2, p.27-43, 1978.

CHARVET, J. Quentin Skinner on the Idea of Freedom. *Studies in Political Thought*, 2, p.5-16, 1993.

COLISH, M. The Idea of Liberty in Machiavelli. *Journal of the History of Ideas*, 32, p.323-50, 1971.

COLLINGWOOD, R. G. *An Autobiography*. Oxford, 1939.

COLLINSON, P. *The Elizabethan Puritan Movement*. London, 1967.

_____. The Monarchical Republic of Queen Elizabeth I. *Bulletin of the John Rylands University Library of Manchester*, 69, p.394-424, 1987.

_____. *The Birthpangs of Protestant England: Religious and Cultural Change in the Sixteenth and Seventeenth Centuries*. London, 1988.

_____. *De Republica Anglorum Or, History with the Politics Put Back: Inaugural Lecture delivered 9 November 1989*. Cambridge: Cambridge University Press, 1990.

COPP, D. Hobbes on Artificial Persons and Collective Actions. *Philosophical Review*, 89, p.579-606, 1980.

CORNS, T. N. Milton and the Characteristics of a Free Commonwealth. Em David Armitage, Armand Himy e Quantin Skinner (Ed.). *Milton and Republicanism*. Cambridge: Cambridge University Press, 1995. p.25-42.

DAVIDSON, D. *Inquiries into Truth and Interpretation*. Oxford, 1984.

DUNN, J. *The Political Thought of John Locke: An Historical Account of the Argument of the "Two Treatises of Government"*. Cambridge: Cambridge University Press, 1969.

_____. The Identity of the History of Ideas. Em *Political Obligation in its Historical Context*. Cambridge: Cambridge University Press, 1980. p.13-28.

DZELZAINIS, M. Milton and the Protectorate in 1658. Em David Armitage, Armand Himy e Quantin Skinner (Ed.). *Milton and Republicanism*. Cambridge: Cambridge University Press, 1995. p.181-205.

ELTON, G. R. *The Tudor Constitution: Documents and Commentary*. Cambridge: Cambridge University Press, 1960.

_____. *Studies in Tudor and Stuart Politics and Government*. Cambridge: Cambridge University Press, 1974. 2v.

_____. *Return to Essentials: Some Reflections on the Present State of Historical Study*. Cambridge: Cambridge University Press, 1991.

FINK, Z. S. *The Classical Republicans: An Essay in the Recovery of a Pattern of Thought in Seventeenth-Century England*. 2.ed. Evanston, Ill., 1962.

FORBES, D. *Hume's Philosophical Politics*. Cambridge: Cambridge University Press, 1975.

FOUCAULT, M. *The Archeology of Knowledge*. A. M. Sheridan Smith (Trad.). London, 1972.

FRANK, J. *Cromwell's Press Agent: A Critical Biography of Marchamont Nedham, 1620-1678*. Lanham, Md., 1980.

GARNETT, G. The Origins of the Crown. *Proceedings of the British Academy*, 89, p.171-214, 1996.

GARNSEY, P. *Ideas of Slavery from Aristotle to Augustine*. Cambridge: Cambridge University Press, 1996.

GAUTHIER, D. P. *The Logic of Leviathan: The Moral and Political Theory of Thomas Hobbes*. Oxford, 1969.

GIERKE, O. *Natural Law and the Theory of Society 1500 to 1800*. Ernest Barker (Trad.). Boston, Mass., 1960.

GUNNELL, J. G. Interpretation and the History of Political Theory: Apology and Epistemology. *American Political Science Review*, 76, p.317-27, 1982.

HARRIS, T. Lives, Liberties and Estates: Rhetorics of Liberty in the Reign of Charles II. Em Tim Harris, Paul Seaward e Mark Goldie (Ed.). *The Politics of Religion in Restoration England*. Oxford, 1990. p.217-41.

HOUSTON, A. C. *Algernon Sidney and the Republican Heritage in England and America*. Princeton, N. J., 1991.

JAVITCH, D. *Poetry and Courliness in Renaissance England*. Princeton, N. J., 1978.

JUDSON, M. A. *The Crisis of the Constitution: An Essay in Constitutional and Political Thought in England 1603-1645*. New Brunswick, N. J., 1949.

KENYON, J. P. *The Stuart Constitution 1603-1688: Documents and Commentary*. Cambridge: Cambridge University Press, 1966.

LASLETT, P. Introdução a John Locke. *Two Treatises of Government*. Edição para estudantes. Cambridge: Cambridge University Press, 1988. p.3-126.

LeMAHIEU, D. L. *The Mind of William Paley: A Philosopher and his Age*. London, 1976.

LEVACK, B. P. *The Civil Lawyers in England 1603-1641: A Political Study*. Oxford, 1973.

LIEBERMAN, D. *The Province of Legislation Determined: Legal Theory in Eighteenth-Century Britain*. Cambridge: Cambridge University Press, 1989.

LONG, D. G. *Bentham on Liberty: Jeremy Bentham's Idea of Liberty in Relation to his Utilitarianism*. Toronto, 1977.

MacCALLUM, G. C., Jr. Negative and Positive Freedom. Em David Miller (Ed.). *Liberty*. Oxford, 1991. p.100-22.

MacLACHLAN, A. *The Rise and Fall of Revolutionary England: An Essay on the Fabrication of Seventeenth-Century History*. London, 1996.

MENDLE, M. *Henry Parker and the English Civil War: The Political Thought of the Public's "Privado"*. Cambridge: Cambridge University Press, 1995.

MILLER, D. Introdução. Em David Miller (Ed.). *Liberty*. Oxford, 1991. p.1-20.

MILLER, P. N. *Difining the Common Good: Empire, Religion and Philosophy in Eighteenth-Century Britain*. Cambridge: Cambridge University Press, 1994.

NAMIER, L. B. *Personalities and Powers*. London, 1955.

NORBROOK, D. Lucan, Thomas May, and the Creation of a Republican Literary Culture. Em Kevin Sharpe e Peter Lake (Ed.). *Culture and Politics in Early Stuart England*. London, 1994. p.45-66.

OLDFIELD, A. *Citizenship and Community: Civic Republicanism and the Modern World*. London, 1980.

PATTEN, A. The Republican Critique of Liberalism. *British Journal of Political Science*, 26, p.25-44, 1996.

PELTONEN, M. *Classical Humanism and Republicanism in English Political Thought 1570-1640*. Cambridge: Cambridge University Press, 1995.

PETTIT, P. Negative Liberty, Liberal and Republican. *European Journal of Philosophy*, 1, p.15-38, 1993a.

_____. Liberalism and Republicanism. *Australasian Journal of Political Science*, 28, p.162-89, 1993b.

_____. *Republicanism: A Theory of Freedom and Government*. Oxford, 1997.

PITKIN, H. F. Are Freedom and Liberty Twins? *Political Theory*, 16, p.523--52, 1988.

POCOCK, J. G. A. *The Machiavellian Moment: Florentine Political Thought and the Atlantic Republican Tradition*. Princeton, N. J., 1975.

_____. Introdução histórica a *The Political Works of James Harrington*. Cambridge: Cambridge University Press, 1977. p.1-152.

_____. *Virtue, Commerce, and History: Essays on Political Thought and History, Chiefly in the Eighteenth Century*. Cambridge: Cambridge University Press, 1985.

_____. The Concept of a Language and the *Métier d'Historien:* Some Considerations on Practice. Em Anthony Pagden (Ed.). *The Languages of Political Theory in Early-Modern Europe*. Cambridge: Cambridge University Press, 1987. p.19-38.

POCOCK, J. G. A ., SCHOCHET, G. J. Interregnum and Restoration. Em J. G. A. Pocock (Ed.). *The Varieties of British Political Thought, 1500-1800*. Cambridge: Cambridge University Press, 1993. p.146-79.

RAAB, F. *The English Face of Machiavelli: A Changing Interpretation 1500--1700*. London, 1964.

RAHE, P. A. *Republics Ancient and Modern: Classical Republicanism and the American Revolution*. Chapel Hill, N. C., 1992.

RAWLS, J. *A Theory of Justice*. Cambridge, Mass., 1971.

ROBBINS, C. *The Eighteenth-Century Commonwealthman: Studies in the Transmission, Development and Circumstance of English Liberal Tought from the Restoration of Charles II until the War with the Thirteen Colonies*. Cambridge, Mass., 1959.

RUNCIMAN, D. *Pluralism and the Personality of the State*. Cambridge: Cambridge University Press, 1997.

SALMON, J. H. M. *The French Religious Wars in English Political Thought*. Oxford, 1959.

SANDERSON, J. *"But the People's Creatures": The Philosophical Basis of the English Civil War*. Manchester, 1989.

SCHNEEWIND, J. B. Classical Republicanism and the History of Ethics. *Utilitas*, 5, p.185-207, 1993.

SCOTT, J. *Algernon Sidney and the English Republic, 1623-1677*. Cambridge: Cambridge University Press, 1988.

_____. *Algernon Sidney and the Restoration Crisis, 1677-1683*. Cambridge: Cambridge University Press, 1991.

_____. The English Republican Imagination. Em John Morrill (Ed.). *Revolution and Restoration: England in the 1650s*. London, 1992. p.35-54.

_____. The Rapture of Motion: James Harrington's Republicanism. Em Nicholas Phillipson e Quentin Skinner (Ed.). *Political Discourse in Early Modern Britain*. Cambridge: Cambridge University Press, 1993. p.139-63.

SKINNER, Q. Conquest and Consent: Thomas Hobbes and the Engagement Controversy. Em G. E. Aylmer (Ed.). *The Interregnum: The Quest for Settlement*. London, 1972. p.79-98.

_____. The Principles and Practice of Opposition: The Case of Boligbroke versus Walpole. Em Neil McKendrick (Ed.). *Historical Perspectives*. London, 1974. p.93-128.

_____. *The Foundations of Modern Political Thought*. Cambridge: Cambridge University Press, 1978. 2v.

_____. *Machiavelli*. Oxford, 1981.

_____. Machiavelli on the Maintenance of Liberty. *Politics*, 18, p.3-15, 1983.

_____. The Idea of Negative Liberty: Philosophical and Historical Perspectives. Em Richard Rorty, J. B. Schneewind e Quentin Skinner (Ed.). *Philosophy in History*. Cambridge: Cambridge University Press, 1984. p.193-221.

_____. The Paradoxes of Political Liberty. Em Sterling M. McMurrin (Ed.). *The Tanner Lectures on Human Values*, v.VII. Cambridge: Cambridge University Press, 1986. p.225-50.

_____. *Meaning and Context*. James Tully (Ed.). Cambridge: Cambridge University Press, 1988.

_____. The State. Em Terence Ball, James Farr e Russell L. Hanson (Ed.). *Political Innovation and Conceptual Change*. Cambridge: Cambridge University Press, 1989. p.90-131.

SKINNER, Q. Thomas Hobbes on the Proper Signification of Liberty. *Transactions of the Royal Historical Society*, 40, p.121-51, 1990a.

_____. Machiavelli's *Discorsi* and the Pre-humanist Origins of Republican Ideas. Em Gisela Bock, Quentin Skinner e Maurizio Viroli (Ed.). *Machiavelli and Republicanism*. Cambridge: Cambridge University Press, 1990b. p.121-41.

_____. The Republican Ideal of Political Liberty. Em Gisela Bock, Quentin Skinner e Maurizio Viroli (Ed.). *Machiavelli and Republicanism*. Cambridge: Cambridge University Press, 1990c. p.293-309.

_____. Sir Geoffrey Elton and the Practice of History. *Transactions of the Royal Historical Society*, 47, p.301-16, 1997.

SMITH, N. *Literature and Revolution in England 1640-1660*. London, 1994.

_____. Popular Republicanism in the 1650s: John Streater's "Heroick Mechanicks". Em David Armitage, Armand Himy e Quentin Skinner (Ed.). *Milton and Republicanism*. Cambridge: Cambridge University Press, 1995. p.137-55.

SMUTS, M. Court-Centred Politics and the Uses of Roman Historians, c. 1590-1630. Em Kevin Sharpe e Peter Lake (Ed.). *Culture and Politics in Early Stuart England*. London, 1994. p.21-43.

SOMMERVILLE, M. R. *Sex and Subjection: Attitudes to Women in Early--Modern Society*. London, 1995.

SOMMERVILLE, J. P. *Politics and Ideology in England, 1603-1640*. London, 1986.

SPITZ, J.-F. *La liberté politique: Essai de généalogie conceptuelle*. Paris, 1995.

TARLTON, C. D. Historicity, Meaning and Revisionism in the Study of Political Thought. *History and Theory*, 12, p.307-28, 1973.

TAYLOR, C. What's Wrong with Negative Liberty. Em Alan Ryan (Ed.). *The Idea of Freedom*. Oxford, 1979. p.175-93.

THOMAS D. O. *The Honest Mind: The Tought and Work of Richard Price*. Cambridge: Cambridge University Press, 1977.

TUCK, R. *Philosophy and Government 1572-1651*. Cambridge: Cambridge University Press, 1993.

TULLY, J. *A Discourse on Property: John Locke and his Adversaries*. Cambridge: Cambridge University Press, 1980.

_____. *An Approach to Political Philosophy: Locke in Contexts*. Cambridge: Cambridge University Press, 1993.

VIROLI, M. *From Politics to Reason of State: The Acquisition and Transformation of the Language of Politics 1250-1600*. Cambridge: Cambridge University Press, 1992.

WALLACE, J. M. The Engagement Controversy 1649-1652: An Annotated List of Pamphlets. *Bulletin of the New York Public Library*, 68, p.384-405, 1964.

WARRENDER, H. Political Theory and Historiography: A Reply to Professor Skinner on Hobbes. *The Historical Journal*, 22, p.931-40, 1979.

WIRSZUBSKI, C. *Libertas as a Political Idea at Rome during the Late Republic and Early Principate*. Cambridge: Cambridge University Press, 1960.

WOOTTON, D. Introduction: The Republican Tradition: From Commonwealth to Common Sense. Em David Wooton (Ed.). *Republicanism, Liberty, and Commercial Society, 1649-1776*. Stanford, Cal., 1994. p.1-41.

WORDEN, B. English Republicanism. Em J. H. Burns e Mark Goldie (Ed.). *The Cambridge History of Political Thought 1450-1700*. Cambridge: Cambridge University Press, 1991. p.443-75.

_____. Marchmont Nedham and the Beginnings of English Republicanism, 1649-1656. Em David Wooton (Ed.). *Republicanism, Liberty and Commercial Society, 1649-1776*. Stanford, Cal., 1994a. p.45-81.

_____. James Harrington and *The Commonwealth of Oceana*, 1656. Em David Wooton (Ed.). *Republicanism, Liberty, and Commercial Society, 1649-1776*. Stanford, Cal., 1994b. p.82-110.

_____. Harrington's *Oceana*: Origins and Aftermath, 1651-1660. Em David Wooton (Ed.). *Republicanism, Liberty, and Commercial Society, 1649-1776*. Stanford, Cal., 1994c. p.111-38.

_____. Republicanism and the Restoration, 1660-1683. Em David Wooton (Ed.). *Republicanism, Liberty, and Commercial Society, 1649-1776*. Stanford, Cal., 1994d. p.139-93.

_____. Ben Jonson among the Historians. Em Kevin Sharpe e Peter Lake (Ed.). *Culture and Politics in Early Stuart England*. London, 1994e. p.67-89.

_____. Milton and Marchamont Nedham. Em David Armitage, Armand Himy e Quentin Skinner (Ed.). *Milton and Republicanism*. Cambridge: Cambridge University Press, 1995. p.156-80.

_____. *The Sound of Virtue: Philip Sidney's Arcadia and Elizabethan Politics*. London, 1996.

ZWICKER, S. N. *Lines of Authority: Politics and English Literary Culture, 1649-1689*. Ithaca, N. Y., 1993.

ÍNDICE REMISSIVO

Acton, John Emerich Dalberg, Lord, 85, 87, 88 n.14
Armitage, David, 59 n.15
Austin, John, 81 n.98

Bacon, Francis, 22, 78
Bailyn, Bernard, 23 n.37
Baldwin, Tom, 92 n.22
Baron, Hans, 22 n.29
Beacon, Richard, 22
Bentham, Jeremy, 70, 71 n.53, 81 e n.98
Berlin, Isaiah, 34 n.88, 56 n.3, 91-3
Blackstone, William, 81 e n.96
Bolingbroke, Henry St. John, Visconde, 23, 64
Bramhall, John, 18, 19 n.16, 21
Brett, Annabel S., 20 n.22
Burrow, J. W., 10 n.4, 79 n.90, 89 n.17
Butterfield, Herbert, 85

Carlos I, 15-6, 23, 53
    alegada tirania de, 47-50, 66
Carlos II, 26, 76, 84
Charvet, John, 28 n.58
civil, liberdade

concepção hobbesiana de, 18-21, 55
concepção liberal de, 10, 67-72, 80-1, 91-3
concepção neorromana de, 9-10, 22-6
e direitos, 27-9
em Estados livres, 31, 55, 60-7
coerção
    de corpos naturais, 61-2, 81, 91-3, 95
    de corpos políticos, 47-9, 61
Collingwood, R. G., 84 e n.2
Collinson, Patrick, 12-3, 22 e n.32, 45 n.147, 88 n.14
consentimento, 33 e n.84
Constant, Benjamin, 56 n.3, 94 n.28
Corns, Thomas N., 24 n.42, 66 n.40
corpo político, o, 32
    escravização do, 47-51
    liberdade do, 32-3, 40-1, 61
    vontade do, 32-5
corrupção, 37 n.103, 76-8
cortesãos, 53, 75-7, 79
Cromwell, Oliver, 25-6, 59

Davidson, Donald, 94 n.29
dependência
  e corpos naturais, 62-7, 72-8, 95
  e corpos políticos, 46-7, 49-51
Digesto, o, de Direito Romano, 18 n.15,
  41
  sobre escravidão, 42-3
Digges, Dudley, 18, 19 n.16, 21
Direito
  em Estados livres, 45-6
  e liberdade civil, 18-9, 37 n.103,
  71 n.54
direitos
  civis, 27, 28 n.58, 30, 60-1
  naturais, 28-9
Dunn, John, 33 n.84, 85 n.4

Elton, G. R., 12, 16 n.8, 86
escravidão
  colonização e, 48-9, 55
  de corpos naturais, 61-6, 72-3,
  75-8
  de corpos políticos, 40-1, 46-50
  ideia romana de, 41-7
  monarquia e, 46, 51-4
Estado
  e liberdade civil, 18-9
  como pessoa artificial, 16-8, 88
  como soberania, 16, 88
estado de natureza, 28-9
Estados livres
  constituições dos, 33-40
  e glória, 56-9
  ideia de, 31-3
  Inglaterra como exemplo, 23,
  31 n.69
  e liberdades civis, 55, 60-7
  Lívio sobre, 45-7
  teóricos dos, 21-6

Filmer, Robert, 19 e n.16, 21-2, 56
Foucault, Michel, 90 n.19

glória, como objetivo dos Estados,
  56-9, 75

Hall, John, 25 e n.45
  direitos civis, 28
  Estados escravizados, 40
  monarquia, 53
  repúblicas, 54
  servidão pessoal, 63
Hampden, John, 61
Harrington, James, 25 e n.49, 28
  consentimento, 34
  corpo político, 32, 35
  cavalheiros, 79
  direito, 65
  Estados livres, 31, 47, 58
  liberdade civil, 60, 66-7, 72
  Maquiavel, 47
  representação, 39
  Salusto, 58
  servidão pessoal, 73, 76
  sociedade civil, 26 n.52
Hayward, John, 17 n.9
Hobbes, Thomas,
  direito e liberdade, 19, 21
  Estados livres, 21-2, 55, 61, 67,
  72
  liberdade dos súditos, 19-21, 69,
  81 n.96
  o Estado, 17-8
Houston, Alan, 28 n.58, 40 n.115,
  47 n.157
Hunton, Philip, 16 e n.7

independência, 47, 49, 79-80
independência, Declaração de, 49

Jefferson, Thomas, 29 n.61
Jonson, Bem, 23

Laslett, Peter, 84
liberdade, *ver* Estados livres
Lívio, 22, 44 n.138, 45-7, 52, 78 n.83
Locke, John, 29, 33 n.84, 52 n.178, 84

Macaulay, Thomas Babington,
  Lorde, 48
MacCallum Jr., Gerald C., 72 n.58

Maquiavel, Nicolau, 22 e n.29, 47, 58
  autogoverno, 52
  direitos, 27
  Estados escravizados, 41 e n.117
  Estados livres, 22, 33 e n.81, 40 n.116
  glória, 58, 59 n.55
  liberdade civil, 57-60
Maitland, F. W., 89 e n.17, 90
Marx, Karl, 10 n.3
Maxwell, John, 16 n.5
Mill, John Stuart, 9
Milton, John, 24, 26, 38 n.103
  direitos, 28
  Estados escravizados, 41, 48, 50-1
  Estados livres, 31, 66
  federação, 36
  liberdade civil, 28, 61
  participação, 35
  representação, 38
  servidão pessoal, 64-7
  tirania, 62
  veto real, 50-1
monarquia
  e Estados livres, 46, 51-4
  tirania, 47-51
More, Thomas, 36, 74-5
movimento cartista, 9 e n.1

Namier, L. B., 85
Nedham, Marchamont, 24-5 e n.48
  consentimento, 34
  corpo político, 31
  direitos, 28-9
  Estados livres, 31, 34
  glória, 58
  liberdade civil, 60
  participação, 35
  representação, 38
  servidão pessoal, 63
Neville, Henry, 23 e n.35, 26
  corpo político, 32

direitos, 29
Estados escravizados, 51
Maqu iavel, 47
monarquia mista, 52 e n.175
representação, 39
Nietzsche, Friedrich W., 94

Osborne, Francis, 25 e n.46
  maiorias, 35
  monarquia, 53-4
  representação, 38
  servidão pessoal, 63
  veto real, 50

Paley, William, 67, 69 e n.48, 70 e n.51, 72, 81
Parker, Henry, 15, 30 n.65, 31 n.69, 47 n.159, 66 n.40
Parlamento Não Representativo, 38, 53, 59
participação no governo, 35-9
Pettit, Philip, 10, 30 n.67, 40 n.115, 62 n.27, 65 n.37, 67 n.43, 70 e n.52
Pitkin, Hanna Fenichel, 27 n.53, 70 n.52
Plauto, 42 e n.128
Pocock, J. G. A., 22 n.32, 30 n.66, 85
Price, Richard, 23, 33 n.80, 49
Priestley, Joseph, 69 n.50
Pufendorf, Samuel, 17 e n.10

Rahe, Paul A., 23 n.37, 40 n.114
Rapin de Thoryas, Paul de, 48 n.161, 64 n.34
Rawls, John, 68 n.47
real, prerrogativa, 50-1, 62, 64
representação, 15, 18, 37-9
republicanismo, 30 e n.67, 31 n.68, 52-4
Revolução Americana, a, 23, 65, 67
Runciman, David, 89 n.16

Salusto, 44, 45 n.142, 47, 56-60
Scott, Jonathan, 39 n.112, 73 n.62
segurança, 68-70, 72, 80-1

Sêneca, 44 n.138, 45 e n.143
Sigdwick, Henry, 81
Sidney, Algernon, 23 e n.35, 26
  consentimento, 34
  cortesãos, 76-8
  democracia, 37
  direitos, 29
  Estados escravizados, 41
  Estados livres, 31, 33
  liberdade civil, 60 n.21, 73
  maiorias, 35
  participação, 36
  representação, 39
  servidão pessoal, 63-4, 73, 76-7
Sidney, Philip, 22
soberania
  do Estado, 17-8, 89
  do povo, 15, 30 n.65
  do rei, 16
  do rei no parlamento, 16-7

sociedade civil, 26 e n.52
Streater, John, 25
Sula, Lúcio, 59

Tácito, 45 e n.144, 75 e n.72, 76-7
Taylor, Charles, 91 n.22
Tuck, Richard, 20 n.23, 30 n.65
Tully, James, 29 n.64, 33 n.84

Viroli, Maurizio, 22 n.29
virtude, 31 e n.68, 37 n.103, 65 n.38

Walpole, Robert, 23, 64
Warrender, Howard, 84 n.1, 87 n.11
Williams, Griffith, 18
Wirszubski, C., 30 n.66, 40 n.115, 60 n.18
Wither, George, 25 e n.44, 78 e n.85
Worden, Blair, 23 n.38, 24 n.43, 31 n.68, 59 n.17

SOBRE O LIVRO

Coleção: UNESP/Cambridge
Formato: 14 x 21 cm
Mancha: 23 x 42,5 paicas
Tipologia: Schneidler Roman 10/13
Papel: Offset 75 g/m² (miolo)
Cartão Supremo 250 g/m²
1ª edição: 1999

EQUIPE DE REALIZAÇÃO

Produção Gráfica
Edson Francisco dos Santos (Assistente)

Edição de texto
Fábio Gonçalves (Assistente Editorial)
Armando Olivetti Ferreira (Preparação de Original)
Carlos Villarruel e
Nelson Luís Barbosa (Revisão)
Oitava Rima Prod. Editorial (Atualização Ortográfica)

Editoração Eletrônica
Oitava Rima Prod. Editorial

Impressão e acabamento